PARIS
TOURS, BORDEAUX

4836-93. — CORBEIL. Imprimerie ÉD. CRÉTÉ.

Ad. Yvon pinx. Héliog. Dujardin

LE GÉNÉRAL [illegible] DUMAS

[illegible]

[illegible]

GÉNÉRAL THOUMAS

PARIS
TOURS, BORDEAUX

SOUVENIRS DE LA GUERRE DE 1870-1871

Ouvrage orné du portrait de l'auteur

PARIS
A LA LIBRAIRIE ILLUSTRÉE
8, RUE SAINT-JOSEPH, 8

1893

AVANT-PROPOS

Au mois de janvier 1867, je fus appelé brusquement au ministère de la guerre pour être attaché au bureau du matériel de l'artillerie. Le chef titulaire de ce bureau était gravement malade et ne pouvait remplir ses fonctions; comme c'était un excellent officier à qui l'on voulait témoigner tous les égards possibles, on ne lui donna pas de successeur immédiat et je fus chargé de diriger le bureau pendant sa maladie. Plus tard, je devins titulaire de la position que j'avais ainsi occupée à titre temporaire, de sorte qu'en réalité j'ai été chargé du matériel de l'artillerie, tant au ministère de la guerre à Paris qu'auprès de la Délégation de Tours et Bordeaux, de 1867 à 1871. J'ai été mis ainsi forcément au courant de bien des faits, généralement peu connus ou travestis dans l'opinion publique à la suite des racontars de toute espèce, voire même des enquêtes officielles qui, faites avec un grand luxe de témoignages, ont laissé cependant de côté les témoins les plus autorisés par les fonctions qu'ils ont occupées. Ce témoignage que l'on ne m'a jamais demandé, je viens, après vingt ans, l'apporter avec l'intention de laisser de côté tout ce dont la publication pourrait présenter des inconvénients sérieux.

Septembre 1892.

LIVRE I

PARIS

AVANT LA GUERRE

Ministère du maréchal Niel. — Situation du matériel d'artillerie de campagne et de l'armement des places fortes. — Batteries mises sur roues. — Pièces rayées dans l'armement des places. — Organisation éventuelle des armées. — Insuffisance de l'artillerie. — Armement de sûreté. — Déclaration de M. de Gramont. — Nouvelle organisation. — Mesures prises au début de la guerre. — Le maréchal Le Bœuf. — Premiers embarquements des troupes.

Lorsque j'entrai dans les bureaux du ministère, le maréchal Randon était encore ministre, et ce n'était un secret pour personne qu'il allait être remplacé par le maréchal Niel. De longues discussions se sont élevées depuis lors, sur la question de savoir si, pendant la guerre de 1866, la France eût été en état de mettre son épée dans la balance, et si le maréchal Randon doit porter la responsabilité d'une inertie qui eut pour conséquence la fondation de la puissance prussienne. Je parlerai seulement de ce que j'ai vu et entendu. Or, je puis certifier qu'au mois de janvier 1867, il eût été impossible au service de l'artillerie de fournir immédiatement un nombre suffisant de batteries pour un simple corps d'armée. A peine existait-il dans les directions le matériel d'une trentaine de batteries, correspondant à cent quatre-vingts canons de campagne ; et ces batteries n'étaient pas montées sur roues, prêtes à partir au premier signal comme l'artillerie l'est aujourd'hui. Pour quelques-unes, une douzaine si je ne me trompe, il ne restait plus qu'à charger les coffres à munitions ; pour les autres, tous les éléments constitutifs existaient, mais les sachets étaient vides, les obus non chargés et les affûts engerbés dans les magasins sans être munis de leurs roues. Un corps prussien aurait donc très bien pu arriver à la frontière sans que nous fussions en état de lui opposer de l'artillerie.

L'état des places fortes, en ce qui concerne l'armement, était plus que critique ; il n'existait dans aucune d'elles de canons rayés, sauf ceux qui, à Metz, par exemple, et à Strasbourg, étaient affectés au service des écoles d'artillerie. On a dit que les bureaux mêmes du ministère ignoraient cette situation. Pour émettre une telle assertion, il faut n'avoir aucune idée du mécanisme des bureaux : tous les trois mois, chaque établissement possédant du matériel d'artillerie adressait au ministre un état sommaire de ce matériel ; cet état portait le numéro d'ordre 16 ; on totalisait dans le bureau du matériel de l'artillerie tous les états 16 et il suffisait de jeter un coup d'œil sur ces documents pour connaître exactement la situation du matériel. Et qu'on ne dise pas que les bureaux la gardaient pour eux, sans en faire part à la direction supérieure ; j'ai trouvé, en arrivant au ministère, des cartons pleins de minutes de notes, rédigées à cet effet dans les bureaux, pour être fournies au cabinet du ministre. Moi-même, j'étais à peine en fonctions que j'ai été chargé d'établir un projet pour l'organisation des équipages de campagne et de l'armement des places.

Les équipages de campagne devaient comprendre deux cents batteries, soit douze cents pièces, pour une armée de quatre cent mille hommes. L'armement des places les plus importantes devait seul être transformé par l'introduction d'un certain nombre de canons rayés. C'était là un projet bien modeste, donnant des résultats hors de toute proportion avec les nécessités qu'aurait entraînées une guerre contre la Prusse, et cependant les dépenses occasionnées par l'exécution de ce projet s'élevaient à deux cents millions : chiffre effrayant, eu égard à la disposition d'esprit du Corps législatif; aussi n'y donna-t-on aucune suite.

Le maréchal Niel entra au ministère avec l'idée bien arrêtée que le gouvernement prussien, à qui notre faiblesse avait été révélée par la guerre de 1866, emploierait tous les moyens possibles pour nous forcer à notre tour à lui déclarer la guerre, ce à quoi, comme on le sait, il ne réussit que trop bien. Dès le lendemain du jour où le maréchal prit possession de ses fonctions, je reçus deux ordres de la plus haute importance : 1° pourvoir les principales places de l'Est d'un armement se rapprochant autant que possible de l'armement normal, récemment adopté sur la proposition des comités de l'artillerie et du génie, surtout en ce qui concerne les pièces rayées ; 2° mettre sur roues, avec chargement de guerre, le matériel d'un certain nombre de batteries de 4 et de 12 rayé de campagne, et organiser le matériel d'autres batteries de manière à pouvoir les mettre sur roues au premier ordre.

L'état des places fortes à l'époque qui nous occupe est aujourd'hui bien connu ; je puis donc en parler sans indiscrétion. Non seulement ces places ne possédaient pas de canons rayés, mais les bouches à feu, les affûts et les projectiles semblaient avoir été répartis entre elles tout exprès pour ne pas pouvoir être utilisés. Telle place avait en magasin des canons de 12 avec des affûts de 8 et des obus de 15; telle autre renfermait des obusiers de 15, des affûts de 12 et des boulets de 8.

Comment une pareille confusion avait-elle pu s'établir? D'une manière bien simple et en bien peu de temps : ce fut affaire d'économies mal entendues. Le service de l'artillerie avait souvent, par suite d'obligations journalières, à faire venir dans telle ou telle place des bouches à feu, des affûts ou des projectiles. Ces transports étaient onéreux, et le bureau chargé d'en ordonnancer les frais avait, pour les diminuer autant que possible, obtenu du ministre une décision de principe, portant que les objets à transporter seraient toujours pris dans les magasins les plus proches du lieu de destination, condition impérieuse, ne devant céder à aucune autre considération. Il en résultait, par exemple, que si on avait besoin d'un canon à Metz, on le prenait à Strasbourg, où il pouvait plus tard devenir nécessaire et où on laissait son affût, désormais inutile. En un mot, on découvrait saint Pierre pour couvrir saint Paul, avec cette circonstance aggravante que saint Paul ne tardait pas à être dépouillé à son tour au profit de saint Pierre ou de tout autre saint.

Il fallait, pour remettre les choses en état, procéder à un travail considérable et ordonner des transports très coûteux. Aussi la besogne n'était-elle qu'à moitié faite lorsque éclata la guerre de 1870.

Quoi qu'il en soit, l'exécution des ordres du maréchal Niel eut pour première conséquence l'envoi de Toulouse à Metz d'un nombre important de canons de 24 et de 12 rayé de siège, et la mise en commande par le service des forges, dans l'industrie privée, d'une quantité correspondante de projectiles oblongs. L'annonce de ces mesures produisit une vive émotion à Metz, où l'on n'était pas sans inquiétude en sentant la place sans défense contre une attaque possible de l'armée prussienne. Selon son habitude, le bureau du ministère chargé du service des transports réclama contre une opération qui entraînait une forte dépense, mais le ministre exprima nettement l'intention formelle que cette opération suivît son cours, et l'expédition faite à la place de Metz fut le début d'une série de déplacements de matériel qui dura jusqu'à la guerre.

Quant à la mise sur roues d'un certain nombre de batteries de campagne, cette mesure sortait tellement des habitudes d'ordre, d'économie et, il faut bien le dire aussi, de routine de l'artillerie, qu'elle suscita tout d'abord quelques difficultés.

Depuis la guerre, on a construit à grands frais des hangars où le matériel est abrité, mais, en 1867, il était impossible de mettre le matériel sur roues sans l'exposer à toutes les intempéries, et plus d'un directeur d'établissement, habitué à entourer de soins ce même matériel, opposa la force d'inertie aux ordres du ministère, en se disant qu'après tout il serait toujours temps de mettre les batteries en état de partir lorsque le moment serait venu de s'en servir. On n'avait alors nulle idée de la rapidité foudroyante des mobilisations modernes. Le directeur d'un arsenal du Midi, colonel des plus distingués, recevant la dépêche ministérielle, s'écria tout haut devant les officiers qui assistaient à son rapport : « Ils sont bien sûr fous » au ministère de vouloir me faire mettre tout mon » matériel à la pluie ; au lieu de quatre batteries,

» nous leur en sacrifierons une, et ce sera bien assez. » Il fallut rendre les généraux commandant l'artillerie responsables de l'exécution des ordres du ministre, et charger les inspecteurs généraux d'y veiller personnellement.

Le résultat de ces mesures fut qu'au mois de juillet 1870, lorsque la guerre éclata, toutes les batteries purent être dirigées sur la frontière, aux points de concentration désignés et sans aucune perte de temps ; les parcs et les équipages de pont se trouvèrent également prêts. Mais il faut bien avouer que, si cet état de choses s'était prolongé pendant quelques années, la solidité du matériel aurait été singulièrement compromise, et on aurait éprouvé de cruels mécomptes lorsqu'il aurait fallu le mettre en mouvement. Aujourd'hui on n'a plus rien de pareil à craindre, puisque le matériel des batteries, des parcs et des équipages de pont est partout remisé sous de vastes hangars où il est parfaitement abrité, où l'on peut à tout moment le passer en revue, et d'où l'on peut le sortir avec autant de facilité que de rapidité lorsqu'il s'agit de s'en servir. Mais, pour en arriver là, il a fallu se résigner à de fortes dépenses.

Toujours persuadé de l'imminence de la guerre, le maréchal Niel se préoccupait vivement du défaut d'organisation permanente qui devait amener les désastres de 1870. Le temps lui manquait pour créer cette organisation, à laquelle d'ailleurs les esprits n'étaient pas suffisamment préparés ; il voulut du moins y suppléer autant que possible. A peine existait-il quatre divisions permanentes à Paris, trois à Lyon et autant au camp de Châlons ; ces dernières seulement pendant la belle saison. Encore ces divisions n'étaient-elles pourvues ni de l'artillerie, ni des équipages nécessaires, et leurs états-majors étaient-ils incomplets. Le maréchal Niel fit décider que tous les régiments d'infanterie et de cavalerie, ainsi que toutes les batteries d'artillerie, seraient groupés sur le papier en brigades, divisions, corps d'armée et armées, et qu'à ces divers éléments seraient affectés de la même manière tous les accessoires, tous les organes de commandement et d'administration indispensables pour entrer en campagne.

D'après l'avis d'une sorte de comité de la guerre, réuni sous la présidence du souverain et composé de personnages qu'il honorait de sa confiance, il fut ainsi formé trois armées : la première, dite armée d'Alsace ; la seconde, armée de Lorraine ; la troisième, armée de réserve. La composition de ces trois armées fut déterminée dans tous ses détails ; tous les ordres et lettres de service furent établis à l'avance, de telle sorte qu'au moment du passage sur le pied de guerre, il n'y eût plus qu'à mettre à l'encre les noms et numéros inscrits au crayon et à expédier le tout. Je fus chargé de ce travail pour l'artillerie, personnel et matériel : il en résulta un dossier considérable, duquel, en moins de vingt-quatre heures et avec l'aide d'un très petit nombre d'auxiliaires, on devait extraire tous les ordres et lettres d'avis à expédier. Tout cela, par malheur, ne servit à rien, comme nous allons le voir.

Les cadres de l'artillerie de campagne étaient notoirement insuffisants. Soumis depuis 1854 à de nombreux remaniements et à des organisations successives et contradictoires, ces cadres avaient été réduits à des proportions bien inférieures aux règles adoptées généralement pour la composition d'une armée.

Le maréchal Soult, instruit par sa longue expérience, avait fixé à douze cents bouches à feu attelées la force de l'artillerie. Cette force ne pouvait être qu'un minimum, puisque, à raison de deux bouches à feu par mille hommes, elle ne correspondait qu'à une armée de six cent mille combattants. L'organisation de 1854, combinée dans le but de remplacer les régiments mixtes par des régiments spéciaux à pied, montés et à cheval, réduisit les cadres de l'artillerie à cent vingt-six batteries attelées, pouvant être portées au besoin à cent soixante et onze, servant mille vingt-six bouches à feu.

Après la guerre d'Italie, où une partie de l'artillerie donnée avec profusion à l'armée commandée par l'Empereur était restée inutile, les cadres furent encore diminués ; il n'y eut plus que cent trente batteries. La nécessité de réaliser des économies fit encore abaisser ce nombre à cent quatorze, chiffre correspondant à six cent quatre-vingt-quatre pièces attelées. En prévision de la guerre, on ne pouvait s'en tenir à des proportions aussi mesquines. Le décret du 13 mai 1867, rendu sur la proposition du maréchal Niel, vint améliorer singulièrement cette situation, tout en revenant pour l'organisation des régiments aux bases rationnelles de 1829. Ce décret porta le nombre des batteries attelées à cent soixante-quatre, dont trente-huit à cheval, pouvant servir neuf cent quatre-vingt-quatre bouches à feu. Ces batteries étaient réparties entre cinq régiments d'artillerie à cheval, dont un de la garde, et seize régiments mixtes, dont un de la garde. Les quinze régiments montés de la ligne comprenaient en outre soixante batteries à pied que l'on espérait transformer au moment de la guerre en autant de batteries montées, et qui auraient fourni en ce cas un appoint de trois cent soixante pièces attelées ; mais leur transformation devait, comme l'expérience le démontra, demander un certain temps. Ce système n'était donc pas en rapport avec les exigences modernes de la guerre, qui reposent sur une mobilisation pour ainsi dire instantanée. De plus, on était encore au-dessous de la proportion d'artillerie fixée par le maréchal Soult, et une tentative ayant pour but d'y revenir ne tarda pas à échouer, malgré le bon vouloir du ministre de la guerre. Comme je jouai dans cette affaire un rôle intéressant, je crois devoir m'y arrêter.

Le directeur du génie au ministère était alors le général d'Outrelaine, mon camarade de promotion, homme des plus remarquables. Il amena un jour dans mon bureau le général Lebrun et me le présenta comme aide de camp de l'Empereur, chargé par le souverain de préparer l'organisation des armées pour l'exécution, en cas de guerre, d'un plan arrêté dans ses bases, et dûment autorisé pour ce travail à prendre directement dans les bureaux du ministère les renseignements nécessaires. Il comptait sur moi, ajouta mon ami d'Outrelaine, pour le renseigner en ce qui concernait l'artillerie. Je répondis que j'étais entièrement à la disposition de M. le général Lebrun, mais que j'avais besoin moi-même de l'autorisation de mon chef, le général Susane. Cette observation fut trouvée très juste, nous nous rendîmes ensemble chez le directeur de l'artillerie qui s'empressa de donner satisfaction au désir exprimé par l'aide de camp de l'Empereur, et il fut convenu que le général Lebrun m'enverrait son propre aide de camp, M. le capitaine L. V..., aujourd'hui général de division, afin de prendre des notes d'après un questionnaire qu'il me remettrait. Mais, lorsque je fus seul avec mon directeur : « Vous ne donnerez aucun renseignement, me » dit-il, avant que j'aie pris les ordres du ministre. » Un peu après, il me faisait appeler de nouveau et me donnait connaissance de ces ordres. Il m'était interdit de donner aucun renseignement verbal, je ne pouvais fournir que des notes écrites, communiquées préalablement au directeur et au ministre. C'est de cette manière que je me comportai, de concert avec l'aide de camp du général Lebrun que je voyais presque tous les jours.

Le général vint lui-même m'expliquer à grands traits la nature du travail qu'il préparait et duquel il résulta la nécessité d'augmenter encore l'artillerie de vingt-huit batteries, dont huit à cheval. Il me pria de préparer en ce sens une note qu'il se proposait de remettre à l'Empereur. Cette note fut bientôt rédigée, communiquée par le général Susane au ministre, qui ne fit aucune objection, et remise au général Lebrun. Ce dernier revint au bout de quelques jours; il avait l'air un peu vexé :

« Il n'y a moyen de rien faire, s'écria-t-il, j'ai » remis votre note à l'Empereur comme si elle venait » de moi, et Sa Majesté a convoqué pour en discuter » les conclusions un petit conseil intime, composé » du ministre de la guerre, du président du comité » de l'artillerie, du général Fleury et de moi. Sur son » invitation, j'ai développé nos motifs, j'ai été forte- » ment appuyé par le général Fleury, qui rêve de » remplir en cas de guerre le rôle de Murat à la » tête d'une grande réserve de cavalerie et qui vou- » drait avoir à sa disposition une masse d'artillerie » légère.

» Le ministre, consulté, a fait observer que la dé- » pense résultant de l'exécution de mon projet devait » être très considérable, mais qu'il n'y faisait pas » d'autre objection.

» Le président du comité a pris alors la parole et » a combattu vivement nos propositions, en préten- » dant qu'il y avait toujours trop d'artillerie et que

» d'ailleurs on avait en réserve soixante batteries à » pied, faciles à transformer en batteries montées au » moment de la guerre.

» Du moment où l'artillerie refusait d'elle-même le » cadeau qu'on voulait lui faire, il n'y avait plus rien » à dire. »

Voilà presque mot pour mot ce que me raconta le général Lebrun. Peut-être M. le général de Blois, ami du général Le Bœuf et d'autres membres du comité, eut-il une connaissance incomplète des circonstances que je viens de rappeler, car il a dit, dans son *Historique de l'artillerie du 15e corps*, ces paroles remarquables et accusatrices : « Notre armée n'a pu » envoyer autant de canons que les Prussiens sur » les champs de bataille. La responsabilité de cet » état de choses doit peser sur les grands chefs de » l'artillerie, peu dévoués aux intérêts et à l'ac- » croissement de la famille à la tête de laquelle ils » se trouvaient. Ils n'ont pas vu que le canon est » aujourd'hui la principale force des armées et qu'en » soutenant sa cause, ils travaillaient à accroître les » forces effectives de leur pays. »

Je reviens à mes relations momentanées avec le général Lebrun. A peine sortait-il de mon bureau, après m'avoir raconté ce que je viens de rappeler, que je fus mandé chez le directeur qui me dit : « Le » ministre est très mécontent de ce que vous ayez » remis au général Lebrun une note destinée à l'Em- » pereur; il vous prie de vous arranger de manière

» à ne plus fournir de renseignements. — M'en » donne-t-il l'ordre formel? demandai-je. — Non! » c'est à vous de vous y prendre adroitement. »

Peu familier avec les biais de la diplomatie et ne connaissant guère que la ligne droite, je fus aussi maladroit que possible, et quand le capitaine L. V... vint me trouver, je lui exposai franchement la position difficile dans laquelle je me trouvais. Son général, informé par lui, me fit dire qu'il ne me demanderait plus rien; mais il se plaignit à l'Empereur, me dit-on, et Napoléon III eut avec son ministre de la guerre une scène assez vive, dans laquelle ce ne fut pas le ministre qui céda. Résultat final : le maréchal Niel resta mécontent de moi, et le général Lebrun le fut également. Malheur aux petits qui se trouvent mêlés aux querelles des grands ; ils n'ont guère que des coups à y recevoir.

L'exécution des ordres du maréchal Niel pour la préparation du matériel des batteries et des parcs de campagne ne se poursuivit pas sans des difficultés, dont la principale vint de la faiblesse de nos approvisionnements en fusées de projectiles creux et en obus, surtout en obus de 12. Il avait été formé en 1859, pour l'attaque des places du quadrilatère italien (Peschiera, Mantoue, Vérone et Legnago), un bel équipage de siège comprenant deux cents canons de 12 rayé de siège, approvisionnés à mille coups. Une très faible partie de cet équipage traversa la frontière et presque tout resta à Lyon ou à Grenoble. Après la paix, tout ce matériel, ainsi que celui des parcs de campagne, fut remisé à Lyon, et environ deux cent quarante mille obus de 12 furent répartis entre les forts qui entourent cette ville. C'est là qu'il fallut les prendre pour les expédier dans les directions d'artillerie où s'organisaient les batteries dont j'ai parlé plus haut. Or, la plupart de ces forts étaient très éloignés des gares de Vaise et de Perrache. Les transports se faisaient alors par les voitures et les attelages de l'artillerie. Le général commandant cette arme à Lyon écrivit au ministre que, pour exécuter les ordres qui lui avaient été donnés, il faudrait plusieurs mois aux attelages des quatre batteries de la garnison, en suspendant tout autre service. Il fallut recourir à des procédés plus rapides mais plus dispendieux, et surtout mettre en commande les obus et les projectiles nécessaires non seulement pour les équipages de campagne, mais encore pour l'approvisionnement des places fortes. Heureusement, on avait prévu le cas dans la rédaction du projet de loi pour l'emprunt destiné à subvenir aux frais de la transformation de l'armement de l'infanterie, en y inscrivant une somme de plusieurs millions pour munitions d'artillerie.

Le maréchal Niel mourut au commencement du mois d'août 1869 et fut remplacé par le général Le Bœuf, élevé bientôt à la dignité de maréchal.

Je n'ai pas à rechercher ici les motifs pour lesquels le nouveau ministre prit à peu près le contre-pied des actes de son prédécesseur. Le maréchal Niel n'avait pas craint plusieurs fois d'opposer courageusement son opinion aux désirs de l'Empereur. Le maréchal Le Bœuf, à qui son intelligence et sa réputation auraient dû inspirer le sentiment de sa propre valeur, s'effaça complètement devant le souverain, dont le moindre geste était pour lui l'expression d'une infaillible volonté.

Je me rappelle ici un trait qui peut être cité comme exemple de cette disposition d'esprit. Un jour, en l'absence du général Susane, directeur de l'artillerie, je fus mandé dans le cabinet du ministre avec M. le général Lefort, directeur de la cavalerie. Depuis quelque temps déjà la question de l'armement des troupes à cheval était sur le tapis. Les deux services de l'artillerie et de la cavalerie étaient d'accord pour affecter à ces troupes une carabine conforme au fusil modèle 1866 (chassepot), récemment donné à l'infanterie. L'Empereur, au contraire, s'était engoué de la carabine Remington, qui présentait en effet de grands avantages sur le chassepot, mais dont la fabrication aurait exigé l'installation préalable d'un outillage complet dans nos manufactures d'armes. Lorsque nous fûmes arrivés auprès du ministre, celui-ci nous dit sur le ton du commandement : « L'Empereur » vient de décider que la cavalerie recevrait une » carabine modèle 1866. — Tant mieux, répliqua le » général Lefort, l'armement de la cavalerie se fera » très rapidement, et le ravitaillement en munitions » pendant le cours d'une campagne ne présentera

» aucune difficulté, la cavalerie employant la même » cartouche que l'infanterie. — Il ne s'agit pas de » cela, s'écria le ministre : l'Empereur a décidé, » cela suffit. »

Le maréchal Le Bœuf, contrairement à l'opinion de son prédécesseur, ne croyait pas à une guerre prochaine. Il s'attachait, avant tout, à satisfaire le Corps législatif, opposé à tout surcroît de dépenses; c'est pour cela qu'il combattit vivement le projet d'augmentation de l'artillerie qui avait été mis en avant par un aide de camp de l'Empereur. Il repoussa cette fois la proposition de transformer immédiatement vingt à trente batteries à pied en batteries montées. C'était cependant une faible dépense, puisque l'entretien annuel d'une batterie montée coûtait seulement 20 000 francs de plus que celui des cadres d'une batterie à pied; mais le maréchal Le Bœuf, officier d'artillerie, avait toujours eu pour principe que cette arme devait se faire la plus petite possible, pour ne gêner ni offusquer personne, et il continuait comme ministre à appliquer ce principe. De même que la plupart des généraux sortis de l'artillerie pour commander dans l'infanterie ou dans la cavalerie (je ne parle bien entendu que du passé), il affectait de faire peu de cas de son arme d'origine.

Nous nous en aperçûmes bien, lorsque, appelé au ministère, il reçut à son installation les officiers de la garnison de Paris, ainsi que ceux du ministère et des comités. Il n'eut pas un mot aimable à nous dire, mais le soir, revenant chez lui, il rencontra sous les arcades de la rue de Rivoli plusieurs capitaines d'artillerie attachés au comité et que par conséquent il connaissait intimement. Après les avoir croisés, il les fit rappeler par l'aide de camp qui l'accompagnait et leur cria de loin : « Vous savez, vous êtes toujours » mes enfants, mais n'en dites rien. » Petite faiblesse d'un homme que la nature avait admirablement doué, d'une bravoure brillante, d'une intelligence hors ligne, d'un physique imposant, et qui aurait été grand si le désir de plaire en haut et en bas, l'amour exagéré de la faveur et de la popularité n'eussent rapetissé parfois son caractère.

Dieu sait cependant si l'avenir prouva que notre artillerie était numériquement insuffisante!

C'est aussi la question d'économie qui fit ralentir ou même ajourner les expériences sur les canons se chargeant par la culasse, tous les fonds dont pouvait disposer l'artillerie étant utilisés pour la fabrication des canons à balles (mitrailleuses) et pour d'autres études de l'atelier de Meudon, dont l'Empereur espérait monts et merveilles. Il comptait beaucoup en particulier sur un train blindé, portant une forte artillerie, avec lequel on devait se porter en avant sur une voie ferrée, pour contribuer au succès d'une attaque.

Voici à ce sujet une anecdote qui montre bien à quel point Napoléon III était enclin à se nourrir d'illusions, et combien il était naïvement ignorant des conditions du fonctionnement administratif.

C'était au mois de septembre 1869 : le directeur de l'artillerie avait été invité à déjeuner au palais de Saint-Cloud, l'Empereur s'était montré particulièrement aimable à son égard et au sortir de table il vint à lui. « Pouvez-vous, dit-il, mettre à ma disposition, » pour les ateliers de Meudon, une somme d'un » million? — Sire, répondit le général Susane, le » budget du matériel de l'artillerie dépasse à peine » cinq millions et, à l'époque de l'année où nous nous » trouvons, ces cinq millions se trouvent entièrement » engagés, il me serait donc impossible d'y trouver » de quoi satisfaire au désir de Votre Majesté. » L'entretien dura quelques minutes, après quoi l'Empereur tourna le dos au général, en disant à M. Rouher qui était près de lui : « Croyez-vous que le général » ne peut pas me trouver un million pour mon atelier » de Meudon?... » Le vice-empereur, avant de s'éloigner avec Napoléon III, dit, moitié riant, moitié sérieux, au général Susane, qui le soir même me raconta toute cette conversation : « On doit toujours » trouver un million quand l'Empereur le demande ! »

Je reviens au ministre de la guerre. Quelques jours avant l'incident Hohenzollern, il regardait la paix comme tellement assurée que, sur la proposition d'un inspecteur général et dans le but économique de préserver le matériel, il donnait l'ordre de faire rentrer en magasin les affûts des pièces de l'armement de sûreté, mises en batterie sur les remparts.

Cette question de l'armement de sûreté nous préoccupa beaucoup de 1867 à 1870. On appelait ainsi les bouches à feu qu'autrefois, dès le début de la guerre, on disposait sur les remparts d'une place forte exposée aux premières tentatives de l'ennemi. Ces pièces étaient réparties sur tout le périmètre de l'enceinte, de manière à prévenir une surprise et à tenir à distance les troupes chargées d'investir la place. Le reste des bouches à feu était gardé en réserve jusqu'à ce que le plan d'attaque de l'assiégeant fût développé ; alors seulement on armait les ouvrages menacés. Mais, avec la rapidité nouvelle de la mobilisation, entrée dans les habitudes de nos futurs adversaires et dévoilée par la guerre de 1866, on ne pouvait attendre la déclaration de guerre pour mettre l'armement de sûreté sur les remparts dans les places de la frontière nord-est, qui eussent été investies avant que cette opération fût à peine commencée. Il fut donc décidé par le ministre, au commencement de l'année 1867, que les plates-formes des pièces de l'armement de sûreté, dans un certain nombre de places spécialement désignées, seraient immédiatement construites et que les pièces y seraient mises en batterie. On travailla avec ardeur pendant les années 1867 et 1868 à l'exécution de cette mesure qui devait avoir pour résultat inévitable la détérioration du matériel exposé à toutes les intempéries, inconvénient qui se fit bientôt sentir. On avait oublié alors les inquiétudes causées par l'affaire du Luxembourg, on ne vit plus que le côté économique de la question. Les rapports de plusieurs inspecteurs généraux, en 1869, conclurent à la réintégration en magasin des objets composant l'armement de sûreté. Le maréchal Le Bœuf adopta ces conclusions, et il n'y avait plus qu'un petit nombre de pièces en batterie lors de la déclaration de guerre de 1870.

On sait quel démenti les événements vinrent donner à ces illusions pacifiques. Je n'ai pas à raconter ici l'histoire de la déclaration de guerre ; je dirai seulement que la lecture de la fameuse notification de M. de Gramont fut un coup de foudre pour nous tous, employés supérieurs du ministère. C'est le général Dejean, que sa qualité de conseiller d'État appelait à siéger à la Chambre des députés, qui nous apporta cette nouvelle. Nous nous mîmes immédiatement à l'œuvre pour nous préparer à exécuter le plus promptement possible les ordres que le ministre ne manquerait pas de nous donner : pour ma part, je sortis du tiroir, où ils dormaient depuis un an, les dossiers concernant l'organisation de l'artillerie des trois armées actives et, de concert avec le bureau du personnel, je m'appliquai à les mettre au courant pour n'avoir plus qu'à expédier les ordres, le cas échéant. Peine inutile, temps perdu ! Toute cette organisation fut mise à néant.

Le projet qui consistait à former trois grandes armées, placées chacune sous les ordres d'un maréchal (les maréchaux Canrobert, Mac-Mahon et Bazaine), présentait le grave inconvénient de laisser l'Empereur et le ministre de la guerre en dehors de tout commandement. Dès qu'il fut question de la guerre, on y substitua un nouveau plan d'organisation, comprenant huit corps d'armée de trois divisions d'infanterie et une de cavalerie, sous le commandement en chef de l'Empereur avec le maréchal Le Bœuf pour major général. Il fallut refaire tout le travail sur ces nouvelles bases ; puis, quand il fut terminé, le recommencer encore pour donner à chacun des trois maréchaux, qui se trouvaient ainsi dépossédés du commandement en chef, un corps d'armée de quatre divisions d'infanterie et une division de cavalerie de trois brigades. Cette fois, l'officier chargé d'expédier le travail, craignant un nouveau revirement, s'empressa, dès que les pièces furent revêtues des signatures voulues, de les porter au bureau d'expédition et respira librement en les voyant partir. Ces remaniements firent perdre près d'une semaine, temps précieux en face d'un adversaire chez lequel tout était réglé à l'avance et où l'on suivait un plan invariable.

J'étais tombé gravement malade dès le début et j'avais été forcé de quitter le bureau pendant quelques jours. Quand j'y revins, sans même être rétabli, on était en plein coup de feu : il fallait armer la garde nationale mobile, dont on venait de reprendre l'organisation, poussée autrefois avec vigueur par le maréchal Niel, abandonnée après la mort de ce dernier par son successeur. Il fallait diriger sur l'armée du Rhin tous les parcs et réserves de munitions ainsi que les équipages de siège ; il fallait en même temps retirer des places de l'Est tous les approvisionnements inutiles. C'est ainsi qu'on put heureusement envoyer de Metz et de Strasbourg, dans les magasins de Caen, Toulouse, la Rochelle, plus de cent mille fusils, modèle 1866, qui furent bien utiles plus tard.

Déjà se faisait sentir l'insuffisance des approvisionnements de cartouches. On y avait travaillé avec ardeur depuis l'adoption du nouveau fusil et, au commencement du mois de juillet, il y en avait environ cent millions. Avec l'ancien armement, ce chiffre eût été respectable, car il suffisait d'avoir du papier, du plomb et de la poudre pour faire des cartouches, au fur et à mesure des besoins; mais la cartouche chassepot était d'une confection compliquée, et nécessitait la préparation préalable d'éléments qu'on avait pris l'habitude de faire exclusivement fabriquer à Paris (capsules, papiers découpés). On devait donc trouver là, pendant la guerre, une difficulté qui fut encore augmentée par la mesure que prit le maréchal Le Bœuf, en revenant du conseil des ministres où la guerre avait été décidée.

Rentrant au ministère, il avait dicté à son chef de cabinet la dépêche suivante, adressée à tous les commandants de corps d'armée et de divisions indépendantes :

« Faites immédiatement distribuer quatre-vingt-
» dix cartouches par homme. »

Cette dépêche était fondée sur la décision de principe aux termes de laquelle chaque homme d'infanterie devait être, en campagne, muni de quatre-vingt-dix cartouches. Elle ne tenait aucun compte de ce fait que déjà les soldats étaient détenteurs de cartouches dites de sûreté, en nombres qui variaient d'une division à l'autre : en sorte que chaque homme fut en réalité détenteur de 100 à 130 cartouches. Une pareille erreur n'aurait pas été commise si la dépêche eût été rédigée à la direction compétente, c'est-à-dire à celle d'artillerie qui aurait dit aux commandants de corps d'armée : Faites compléter à quatre-vingt-dix le nombre de cartouches possédé par chaque homme. Mais, comme tous les ministres affichant une autorité absolue, le maréchal Le Bœuf avait l'habitude de faire faire à son cabinet une besogne dont le soin aurait dû être confié aux bureaux. Il résulta de là que les soldats d'infanterie, surchargés de cartouches, s'en débarrassaient avec une facilité déplorable.

Ceux qui ont vu les événements de 1870 doivent se rappeler encore le désordre qui régnait parmi les troupes se rendant à la frontière. Tant qu'ils étaient en wagon, les soldats chantaient à tue-tête. Descendus dans les gares, ils étaient entourés par la population qui leur témoignait sa sympathie en leur versant à boire à discrétion. Au milieu de ces fraternisations continues, qui sur certains points se transformaient promptement en saturnales écœurantes, la voix de la discipline ne se faisait plus entendre. Des soldats jetaient les cartouches qui les gênaient ou les donnaient à ceux qui les faisaient boire. C'est ainsi qu'un avis de M. Flavigny, président de la Société des ambulances civiles, prévint le ministre de la guerre qu'aux environs de la gare de l'Est, on voyait des soldats céder un paquet de cartouches pour un verre de vin. Lorsque les troupes arrivées à Metz et autres points de concentration furent passées en revue, on s'aperçut que la plupart des hommes n'avaient plus que peu ou même point de cartouches ; on leur en fit distribuer de nouvelles : plusieurs millions de cartouches, qu'on regretta vivement plus tard, furent ainsi gaspillées.

J'ai dit plus haut que le matériel des équipages de siège avait été dirigé sur les places de la frontière. Ces équipages étaient au nombre de deux, comprenant chacun plus de deux cents bouches à feu avec les affûts, les projectiles, la poudre, les bois de plateforme et tous les accessoires nécessaires. L'un était destiné, disait-on, au siège de Coblentz et l'autre à celui de Mayence ; le premier était dirigé sur Metz, le second sur Strasbourg. L'Empereur, qui s'était transporté à Metz, attendait avec une impatience d'enfant (expression employée par le major général lui-même ou par le général commandant l'artillerie de l'armée, dans une lettre adressée au général Susane) l'arrivée du matériel composant le premier équipage. Pour le satisfaire, il fallut d'abord expédier les pièces sur leurs affûts. Les événements empêchèrent l'envoi des projectiles, plates-formes, etc., en sorte que ce matériel, constitué avec tant de soins, fut inutile dans Metz et ne servit même pas pour la défense de la place. Le plus fort, c'est que le général commandant l'artillerie réclamait avec instance la composition de l'équipage, afin de pouvoir renseigner l'Empereur, alors que c'était lui-même qui, comme président du comité, avait travaillé à cette composition pour la faire approuver par le ministre.

II

SEDAN ET LE QUATRE SEPTEMBRE

Nouvelles de l'armée. — Wissembourg, Frœschwiller; Metz, Strasbourg investis. — Le général Trochu et le général Montauban. — Comité de défense de Paris. — Armement des gardes nationales. — Le commandant Arronsohn. — Rencontre d'un caporal du 46e. — Nouvelles de la bataille de Sedan.

Pendant que l'on travaillait ainsi dans les bureaux de l'artillerie, les événements marchaient. Un matin, arrivant à cinq heures au ministère, j'appris la nouvelle du combat de Wissembourg, et trois jours plus tard celle des batailles de Forbach et de Frœschwiller. Le ministère fut changé et le général Cousin-Montauban, comte de Palikao, remplaça le maréchal Le Bœuf, alors représenté à Paris pour la signature par le général Dejean.

On redoubla d'activité, mais il n'était plus guère possible de se faire illusion sur le dénouement de la lutte qui venait de s'engager si malheureusement.

Rien ne saurait donner une idée de l'incohérence des dépêches qui arrivaient de la frontière et notamment de l'armée battue à Frœschwiller. Cette armée avait perdu une partie de son artillerie ; le maréchal de Mac-Mahon en demanda trois fois le remplacement ; deux fois l'ordre fut donné de lui expédier ce matériel sur les points qu'il indiquait, deux fois les canons, affûts et caissons expédiés allèrent tomber au pouvoir de l'ennemi. Ce fut seulement au camp de Châlons que cette armée fut ravitaillée.

De son côté, l'armée de Bazaine battait en retraite sur Metz, et nous recevions coup sur coup la nouvelle de la bataille de Borny (14 août), puis celle de la bataille de Rezonville (16 août). Le lendemain de cette dernière affaire, un officier d'ordonnance de l'Empereur, resté de service auprès de l'Impératrice, accourait au ministère porteur d'un télégramme dans lequel le général commandant l'artillerie de l'armée signalait avec désespoir le manque de munitions. Je fus, en l'absence du général Susane qui était allé dîner chez lui au galop, mandé au cabinet du ministre, où je protestai de toutes mes forces contre les assertions désespérantes formulées dans le télégramme. « Il doit » y avoir, m'écriai-je, au moins trois millions de car- » touches dans la gare de Metz d'après les ordres d'ex- » pédition qui ont été exécutés. » On trouva en effet plus tard ces trois millions de cartouches.

L'ordre n'en fut pas moins donné d'expédier du camp de Châlons plusieurs trains chargés de munitions et de les diriger par la ligne des Ardennes, parce que la ligne directe par Commercy et Frouard était déjà au pouvoir de l'ennemi. Le lendemain 18, on apprenait la nouvelle de la perte de la bataille de Saint-Privat et, sur un avis envoyé pendant la nuit par Bazaine, on donnait l'ordre d'arrêter, en reculant même jusqu'à Montmédy, tous les convois. Puis vint un nouvel avis du commandant en chef de l'armée du Rhin, portant qu'il allait faire garder la route jusqu'à Thionville. On fit reporter les trains en avant, mais, lorsque les premiers arrivèrent à proximité de Thionville, la communication était définitivement coupée entre cette place et Metz.

La vie devint alors intolérable au ministère, surtout lorsque commença le mouvement de l'armée organisée au camp de Châlons et dirigée par Montmédy au-devant de l'armée de Metz. On a beaucoup critiqué ce mouvement et le plan dû à l'initiative du général de Palikao. Il est certain que ce plan était audacieux et, comme tel, il devait être exécuté avec audace. Le ministre le développa au général Susane, avec la plus entière confiance dans le succès. « C'est », disait-il, « notre seule chance de salut », et, ce qui prouve qu'en effet il y avait là une chance heureuse, c'est que la nouvelle de la marche de Mac-Mahon, parvenue au grand quartier général des Allemands par suite d'une indiscrétion de la presse, y produisit la plus vive émotion. Il en partit aussitôt des ordres destinés à parer le danger.

Les troupes de la 3e armée, celle que commandait le prince héritier « notre Fritz », avaient déjà traversé

Châlons-sur-Marne ; elles revinrent sur leurs pas et réoccupèrent cette ville. Je me souviens avoir lu une lettre, écrite de Châlons même à une de mes parentes par une de ses amies, lettre dans laquelle était racontée tout au long la conversation d'un officier prussien. « Ils ont cru nous prendre, disait-il, mais c'est » nous qui les prendrons. Nous tuerons Mac-Mahon et » nous ferons l'Empereur prisonnier. » Cette prédiction ne fut-elle pas aux trois quarts réalisée ?

Je voyais alors plusieurs fois par jour un colonel, qui remplissait auprès de Palikao les fonctions de chef du cabinet, en l'absence du titulaire retenu chez lui par la maladie, et qui venait m'apporter les demandes reçues par télégrammes et auxquelles il s'agissait de donner la suite qu'elles comportaient, ce qui n'était pas toujours facile. Une fois par exemple, le colonel me remit une dépêche, expédiée de Strasbourg et arrivée je ne sais comment à Paris. Le général commandant la place y signalait l'accident des magasins de la citadelle, dans lesquels l'incendie, allumé par une bombe allemande, détruisit tout l'approvisionnement en fusées de projectiles creux; il demandait qu'on envoyât à Schlestadt vingt à trente mille de ces fusées, parce qu'il pouvait encore correspondre avec cette place et se concerter avec son commandant pour faire entrer les fusées dans Strasbourg. Malgré mes objections, il fallut donner à la place de Belfort, dont les approvisionnements étaient déjà incomplets, l'ordre d'expédier à Schlestadt les fusées demandées ; il va sans dire qu'elles n'arrivèrent jamais à destination. Belfort fut ainsi privé d'une partie de ses moyens de défense.

Tout en traitant ces affaires de service, le colonel de C... T... me mettait au courant des dépêches reçues de l'armée et de l'impression qu'elles produisaient sur le ministre. C'était navrant.

Ce n'est pas à moi d'apprécier ici les causes qui firent manquer le mouvement de Mac-Mahon : la lenteur de la marche au début, lenteur résultant des sentiments du maréchal qui s'éloignait à regret de la route sur laquelle il aurait pu disputer à l'ennemi les abords de Paris, puis l'indécision apportée dans l'exécution d'un plan désapprouvé par ceux-là mêmes qui étaient chargés de le mettre en œuvre, le mauvais emploi de la cavalerie qui n'éclairait pas ou éclairait mal l'armée, faute d'instructions précises. Tout cela faisait bouillir d'impatience le ministre, qui mesurait chaque jour avec inquiétude les chances de plus en plus probables d'un échec. Le jour où il apprit qu'à la suite d'un faible engagement de cavalerie, une brigade d'avant-garde s'était arrêtée et avait fait arrêter le corps d'armée qui la suivait, le comte de Palikao s'écria : « Ils n'avaient plus qu'un jour d'a-» vance, ils viennent de le perdre !... »

Cependant l'Empereur, surmontant une antipathie qu'il éprouvait de longue date, venait, sur l'avis du conseil de régence établi auprès de l'Impératrice, de nommer le général Trochu gouverneur de Paris. Il y eut alors dans la capitale deux grandes autorités militaires, en contradiction l'une avec l'autre et donnant leurs ordres en conséquence, et bien souvent je ne savais à laquelle des deux il fallait obéir.

Cette période de dix jours, qui s'écoula du 25 août au 4 septembre, fut certainement une des plus pénibles de mon existence militaire. Un conseil de défense de la capitale avait été formé sous la présidence du gouverneur. Ce conseil ne se préoccupa que d'une chose, faire affluer sur Paris toutes les ressources dont pouvait disposer la France, cartouches, armes, projectiles, poudre, etc., sans tenir compte des moyens presque indéfinis de fabrication que renfermait la capitale et qui faisaient défaut presque partout dans les départements. Il fallait obéir aux injonctions du gouverneur, fondées sur l'avis du comité de défense, tout en ne prévoyant que trop bien les conséquences qui devaient en résulter plus tard. Il fallait aussi écouter les doléances des députés de tous les partis qui envahissaient les bureaux, y apportaient leurs plaintes et leurs récriminations, nous posant des questions auxquelles il fallait répondre tout au moins courtoisement, tandis qu'on mourait d'envie de faire jeter par les fenêtres les importuns dont la visite empêchait tout travail utile. Je me rappelle qu'une dépêche du sous-préfet de Vouziers ayant signalé la présence auprès de cette ville d'un équipage de pont qui, coupé de ses communications avec l'armée, allait tomber au pouvoir de l'ennemi s'il ne recevait de Paris un ordre de départ, je rédigeai immédiatement l'ordre nécessaire pour faire replier au plus vite cet équipage sur le chemin de fer et s'y embarquer. Je portai alors mon télégramme au directeur des opérations militaires qui seul avait qualité pour signer un ordre de mouvement. Mais il était en conversation avec un député qu'il reconduisit à travers les antichambres jusqu'en haut de son escalier, et je dus attendre sur une banquette pendant une grosse demi-heure avant de pouvoir expédier cet ordre urgent, perdant ainsi un temps des plus précieux puisque j'avais bien d'autres affaires à traiter.

Une cause constante de dérangement consistait dans les visites des officiers de la garde nationale. On avait bien malencontreusement imaginé de rétablir la garde nationale dans ceux des quartiers de Paris où elle avait été supprimée. Il fallait procéder à l'armement de ces bataillons ainsi qu'à celui des corps francs qui commençaient à se former. Je vis éclater à ce sujet l'antagonisme du ministre et du gouverneur.

Un certain Arronsohn, ancien officier de l'armée, avait reçu la mission ou l'autorisation d'organiser les francs-tireurs de Paris; il demandait quon lui délivrât des fusils Chassepot. Or, les ordres du ministre à cet égard étaient formels : les fusils modèle 1866 étaient exclusivement réservés à l'armement des régiments de ligne et de ceux des bataillons de garde nationale mobile dont l'organisation était suffisamment avancée. On avait donc plusieurs fois repoussé la demande d'Arronsohn, lorsqu'il arriva avec une lettre du gouverneur de Paris, appuyant cette demande et invitant le directeur de l'artillerie à y donner suite. Je lui répondis tout d'abord qu'employé au ministère je ne connaissais que les ordres du ministre, mon chef supérieur, puis, sur les instances de mon interlocuteur, j'allai prendre ceux du général Susane, qui me prescrivit d'accéder au désir exprimé par le général Trochu. En conséquence, je remis au commandant des francs-tireurs de Paris une lettre qui l'autorisait à toucher, dans les magasins de Vincennes, huit cents ou mille fusils modèle 1866. Le lendemain, le ministre, informé de cette livraison, me fit écrire au gouverneur de Paris pour lui enjoindre d'avoir à faire réintégrer immédiatement dans les magasins de l'artillerie les fusils ainsi indûment distribués. Le général Trochu répondit à la lettre du ministre en se plaignant de ce qu'on voulait porter atteinte à son autorité, et en demandant qu'on ne lui infligeât pas l'humiliation d'avoir à revenir sur un ordre donné. Le comte de Palikao fit répondre qu'il maintenait son injonction; mais le 4 Septembre arriva et les francs-tireurs de Paris gardèrent leurs fusils modèle 1866, avec lesquels ils montèrent la garde devant les ministères, occupés par les membres du gouvernement provisoire.

Cependant les nouvelles de l'armée, celles du moins qu'on nous communiquait, devenaient de plus en plus rares, et l'ignorance dans laquelle on nous laissait nous causait une vive inquiétude. J'étais, en ce qui me concerne, tenu au courant du gros des événements par mon ami Jacqmin, alors chef de l'exploitation des chemins de fer de l'Est, que le service des embarquements de troupes et des mouvements de matériel amenait presque chaque jour au ministère, et qui ne manquait jamais de venir me voir pour me confier ses craintes, trop bien justifiées, hélas! par les événements. Tenu par ses chefs de gare et ses inspecteurs au courant de tous les mouvements des armées, il ne pouvait, avec sa haute intelligence, douter du résultat qui devenait de plus en plus imminent. Le désordre qui avait signalé les prémiers embarquements de troupes à la gare de l'Est était en partie réprimé, mais il en restait assez pour n'inspirer que de la méfiance.

Un jour, Jacqmin entra dans mon bureau, d'un air encore plus triste que d'habitude : « Tu ne te figure- » rais jamais, me dit-il, ce que j'ai entendu ce matin; » un colonel d'état-major, envoyé par la place pour » surveiller l'embarquement, est venu à moi et m'a » dit : « Vous savez la nouvelle, les Prussiens vien- » nent de franchir le Rhin à Forbach. » Le mot était en effet renversant et pourtant on doit le considérer comme authentique, car mon ami Jacqmin eût été incapable de l'inventer. Ceci se passait bien entendu avant la bataille de Frœschwiller, à l'époque où le bruit courut que l'armée allemande avait passé le Rhin à Markofsheim, près de Schlestadt.

Ce fut Jacqmin qui m'apprit la nouvelle de la bataille de Beaumont et de la défaite du corps de Failly, que l'on tint secrète aussi longtemps que possible. Il régnait d'ailleurs dans Paris une vive agitation et les têtes y fermentaient sous l'impression des événements. On avait cru que la guerre serait une série de victoires et que la belle armée française ne ferait qu'une bouchée des Allemands. Précipités du haut de ces espérances chimériques, produit naturel de notre caractère national, par la double catastrophe de Frœschwiller et de Forbach, les Parisiens étaient passés de l'illusion de la victoire au désespoir de la défaite, et le mot de trahison commençait à circuler dans la foule qui remplissait les rues, avide de nouvelles.

J'avais un beau-frère, le colonel Pichon, qui faisait partie du corps de Failly et qui commandait dans la division Goze le 46ᵉ de ligne. Je savais par ses lettres, bien avant la bataille de Beaumont, le désarroi dans lequel se trouvait ce corps pendant sa retraite sur Neufchâteau et Châlons. Je savais aussi qu'il n'avait nullement donné à la bataille de Frœschwiller, où son intervention opportune aurait pu changer du tout au tout le résultat de la journée. Un matin que j'avais précisément reçu une lettre du colonel Pichon, écrite pendant la retraite, j'aperçus, en me rendant au ministère, un groupe nombreux qui se pressait devant la porte d'un marchand de vins, établi à l'angle des rues de Bellechasse et de l'Université. Au milieu de ce groupe, un caporal, en tenue de route avec armes et bagages, se tenait appuyé sur son fusil, devant la porte du cabaret. Je m'approchai et je pus lire sur la coiffe de son schako le numéro 46. Déjà légèrement pris de vin, il pérorait à haute voix, et la foule semblait boire ses paroles avec avidité : « Oui, disait-il, l'en- » nemi repoussé fuyait devant nous, nous allions enle- » ver la position et déjà nous criions victoire, mais les » cartouches vinrent à nous manquer ; nous en récla- » mions avec instance, on ne nous en apporta pas et » nous fûmes obligés à notre tour de reculer avec dé- » sespoir. » — « Quelle abomination ! » s'écrièrent les auditeurs de ce récit, évidemment mensonger pour moi qui savais très bien que le 46e ne s'était pas encore battu. Mon premier mouvement fut de m'élancer sur le caporal et de lui dire qu'il mentait effrontément, mais la foule était si excitée que je compris facilement l'inutilité d'une pareille intervention ; je m'éloignai donc en haussant les épaules, tandis que le caporal du 46e entrait triomphant chez le marchand de vins, suivi de plusieurs citoyens disposés à lui payer de nouvelles libations.

Ayant à sortir dans la journée, j'aperçus vis-à-vis la porte du ministère, sur le trottoir qui borde le square de Sainte-Clotilde, mon caporal qui continuait à pérorer devant une vingtaine de badauds, criant à la trahison parce qu'on avait laissé nos soldats se battre sans leur donner de munitions. Cette fois il était complètement gris ; je n'y pus tenir, je fendis le groupe qui l'entourait et je lui dis : « Vous » êtes un affreux menteur, vous appartenez au 46ᵉ, » colonel Pichon, à la division Goze, 5ᵉ corps d'armée, » général de Failly ; votre régiment ne s'est pas encore » battu et vous l'avez quitté pendant la retraite pour » prendre le chemin de fer, je vais vous faire empoi- » gner par la garde et conduire au poste. » Je parlais avec une telle conviction que cette fois la foule, ré- duite en nombre, écœurée par la vue de ce caporal gris, marchant en zigzag, prit immédiatement mon parti. Un homme se détacha même pour aller querir le chef de poste du ministère, auquel je fis connaître mes nom et qualités, et qui, aidé de deux soldats, emmena mon caporal au corps de garde, au milieu des applaudissements de ceux qui l'écoutaient na- guère avec tant d'intérêt. Je ne sais du reste ce qu'il advint de lui plus tard, j'étais trop absorbé par mes occupations pour m'en inquiéter longtemps.

J'en reviens aux derniers jours du mois d'août. On était muet au cabinet du ministre, muet mais consterné ; des communications mystérieuses s'échan- geaient incessamment entre l'hôtel de la rue Saint- Dominique et le palais des Tuileries. En allant moi- même parler au chef du cabinet, je croisai dans le vestibule l'officier d'ordonnance qui montait en voiture pour retourner auprès de l'Impératrice ; il avait la figure décomposée et les yeux rouges d'avoir pleuré. Je pensai bien qu'une catastrophe plus grave encore que les précédentes était survenue à la frontière. C'était en effet la bataille de Sedan, que mon ami Jacqmin vint quelques instants après m'apprendre avec désespoir. Il ne savait aucun détail, mais il connaissait toute l'étendue de la catastrophe : l'armée écrasée par la supériorité du nombre et prisonnière avec l'Empereur.

Nous étions alors en permanence au ministère, venant au bureau dès cinq heures du matin et y restant jusqu'à dix heures du soir, sauf pendant deux courtes absences pour le déjeuner et pour le dîner; un officier couchait même dans le bureau. C'est en y arrivant le 3 au matin que je reçus la confirmation de la triste nouvelle qui, en dehors des ministres et de l'entourage de l'Impératrice, n'était encore connue de personne à Paris.

Il fallut bien cependant en informer le Corps législatif. Lorsque je passai vers quatre heures devant le palais Bourbon (l'événement était connu de tous, bien que le Corps législatif n'en ait été officiellement informé que dans la nuit du 3 au 4), la grille qui entoure ce monument du côté du quai était fermée et protégée par des hommes de garde. Une foule de députés, au milieu desquels gesticulaient et parlaient à haute voix les chefs de l'opposition, couvraient les marches de la colonnade et échangeaient des communications avec les citoyens qui se pressaient autour de la grille; il était facile de voir que de graves événements se préparaient pour le lendemain. Il faut bien le dire d'ailleurs, la joie de voir l'Empire renversé semblait sur beaucoup de visages effacer la douleur de la défaite.

Le lendemain, 4 septembre, je dus franchir, pour parvenir au ministère, le cordon de troupes qui, malgré l'heure matinale, gardaient les abords du Corps législatif. En apparence, ce cordon militaire était formidable et il ne semblait pas que le local où siégeaient les députés pût être violé par l'émeute, mais ce cordon avait son point faible, la garde nationale qui, depuis 1830 jusqu'en 1870, a toujours fait triompher le parti du désordre. Nous fûmes donc à demi étonnés lorsque, vers trois heures, un de nos employés, que j'avais envoyé aux nouvelles, vint nous raconter comment la salle des séances avait été envahie par la garde nationale, livrant elle-même passage à la multitude. Un instant après, nous apprîmes qu'on avait proclamé un gouvernement provisoire, composé des députés de Paris, sous la présidence du général Trochu.

Déjà depuis le matin le comte de Palikao avait quitté le ministère. Ce fut un malheur. Le général Montauban était un des rares personnages capables de maîtriser la situation, et d'atténuer les conséquences du terrible désastre de Sedan. Il avait commandé l'expédition de Chine, une des mieux combinées et des mieux menées parmi celles qui avaient contribué à la gloire de l'armée française; mais le pillage du palais d'Été, quelle que fût la part qu'il y eût réellement prise, avait entaché sa réputation et fut sans doute la cause qui l'empêcha de recevoir le bâton de maréchal en récompense de ses services, comme aussi d'être pourvu d'un commandement au début de la guerre. Sans établir ici aucune comparaison, le général Montauban était supérieur à la plupart de ceux qui furent mis en contact avec l'ennemi. Il ne fut pas immédiatement remplacé, le général Trochu n'ayant pas jugé à propos de prendre pour lui le ministère de la guerre.

III

LE GOUVERNEMENT PROVISOIRE

Force de l'administration. — Ministère du général Le Flô. — Un moyen de sauver Paris. — Flourens et le bataillon de Belleville. — Investissement de Paris. — La délégation du gouvernement : Crémieux et Glais-Bizoin. — Délégation du ministère de la guerre. — Voyage de Paris à Tours. — Un sous-préfet.

On vit alors combien était forte et solide cette administration qu'on a tant de fois décriée. M. Thiers me disait après la guerre, dans un long entretien que j'eus avec lui au sujet des attaques dirigées contre la délégation de Tours et de Bordeaux : « On » clabaude sans cesse contre les bureaux qui en- » travent, dit-on, toutes les affaires et qui ne laissent » rien aboutir : c'est à la fois une injustice et une » ingratitude, car le fonctionnement régulier des » bureaux a plus d'une fois sauvé la France dans les » circonstances les plus critiques. Les gouvernements » peuvent tomber, l'administration est là pour conti- » nuer le travail journalier, les affaires suivent leur » cours comme si de rien n'était. »

Ainsi parlait celui qu'on a nommé le libérateur du territoire, et il avait cent fois raison. J'ai pu m'en convaincre par plusieurs exemples. Par suite des fonctions que j'occupais en 1874 et en 1875, j'eus à ma disposition les archives d'un service des plus importants, celui des poudres et salpêtres. M'étant amusé à compulser le registre des correspondances de l'année 1793, il me fut impossible d'y découvrir le moindre signe rappelant les événements qui se passaient alors. Ni au lendemain de la mort de Louis XVI, ni au milieu des luttes entre Montagnards et Girondins, ni dans les jours les plus sanglants de la Terreur, la correspondance ne perdait rien de sa placidité habituelle et ne sortait de la pratique des affaires; il en était ainsi dans tous les bureaux, sauf dans ceux où se traitaient les questions politiques.

De même, la révolution du 4 Septembre n'arrêta en rien la marche régulière de l'administration. Le 5 de grand matin, j'entrai dans le cabinet du général Susane et lui dis : « Qu'allons-nous faire? — Ce que » nous faisions hier, me répondit-il : accomplir la » besogne courante et nous efforcer de satisfaire à » toutes les exigences de la situation. — Mais, répli- » quai-je, si par exemple Rochefort devenait mi- » nistre de la guerre? — Eh bien! ce serait le mi- » nistre et nous lui obéirions. » A ce moment, le colonel de C... T..., l'ancien chef du cabinet du général Montauban, entra et dit à mon directeur : « Je viens » de la part du général Trochu vous demander à vous

» et à vos collaborateurs de continuer votre service, » le général compte que chacun remplira son devoir. »

Quelques heures plus tard, nous apprîmes que le général Le Flô était nommé ministre de la guerre. C'était un ami personnel du général Trochu, royaliste déclaré, ayant été exilé ou en disgrâce pendant tout le règne de Napoléon III auquel il avait voué une haine inextinguible, et que l'on pourrait qualifier de féroce; il avait toujours sur le cœur la nuit du 2 décembre 1851. Questeur de l'Assemblée législative, chargé de veiller sur sa sûreté, il avait vu le palais Bourbon envahi par un bataillon du 42e de ligne que commandait le colonel Espinasse, et avait été appréhendé au corps en essayant de résister. Emprisonné d'abord à Mazas, il avait été ensuite pendant plusieurs années le compagnon d'exil de Lamoricière, de Changarnier, de Charras, etc... Doué d'un esprit caustique, il se plaisait à raconter des anecdoctes plaisantes et sa langue acérée n'épargnait personne; avec cela, l'attitude d'un grand seigneur et les manières toutes rondes d'un homme habitué au métier militaire. J'aurai à en reparler plus tard à propos du séjour à Bordeaux; pour le moment, j'eus peu affaire à lui.

La révolution du 4 Septembre ne diminua en rien nos préoccupations et notre travail, bien au contraire! Rien n'arrêtait plus la marche de l'armée allemande sur Paris et l'on ne semblait avoir en vue qu'un seul objet, celui de mettre la capitale en état de défense. Le Président du gouvernement avait cependant bien du temps de reste, à en juger par le fait que je vais relater, fait qui montrera en même temps à quel point d'égarement en étaient venus les esprits sous l'influence des événements. Un homme se présente à mon bureau, muni d'une lettre qu'il me prie de lire, je décachète cette lettre qui m'était en effet adressée. Elle était écrite de la main même du général Trochu. Voici ce que me disait le chef du gouvernement :

« Je prie M. le colonel Thoumas de vouloir bien » écouter les propositions de M. X... avec tout l'intérêt » qu'elles méritent, et de leur donner la suite qu'il » jugera convenable pour le bien de la défense na- » tionale. » Ce mot dont on a tant abusé depuis lors commençait à devenir à la mode. J'invitai M. X... à développer ses propositions. « Elles ont pour but, me » dit-il, de détruire complètement, et sans tirer un » seul coup de fusil, l'armée qui vient pour assiéger » Paris. Pour cela, je réquisitionne toutes les bar- » riques de vin qui se trouvent dans les magasins ou » dans les entrepôts, et j'emploie les pharmaciens à » empoisonner le liquide à l'aide de drogues suscep- » tibles de donner sûrement la mort. Je fais ensuite » charger ces barriques sur des voitures, en ayant » soin de placer une barrique non empoisonnée au » sommet de chaque chargement, puis je dirige ces » voitures sur toutes les routes que l'ennemi doit » suivre; naturellement elles sont saisies par les » Prussiens qui boivent avec avidité le bon vin con-

» tenu dans la première barrique et, alléchés par » cette épreuve, se précipitent sur le reste du char- » gement. Au bout de quelques minutes, ils meurent » sous les étreintes du poison; il en est de même » pour les autres barriques et l'armée allemande est » tellement réduite en nombre qu'il suffit de quel- » ques bataillons pour achever de la détruire. » Après avoir écouté patiemment tout ce pathos, j'eus toutes les peines du monde à me débarrasser du sieur X... en lui promettant une réponse prochaine. Mon départ de Paris me dispensa de lui envoyer cette réponse.

Les visiteurs ne me manquaient pas d'ailleurs: j'eus ainsi occasion de voir le célèbre Flourens, qui commandait alors le bataillon de garde nationale de Belleville. Après les élections des officiers de la garde nationale, il fut décidé par le gouvernement que tous ceux de ces officiers qui n'avaient pas des moyens pécuniaires suffisants pour acheter un sabre, en recevraient du service de l'artillerie. Flourens venait au ministère afin de réclamer les sabres nécessaires à son bataillon. C'est naturellement à moi qu'il s'adressa, et je répondis à sa réclamation qu'il lui suffirait de remettre l'état numérique de ses officiers n'ayant pas le moyen de payer leur sabre, pour qu'on lui délivrât immédiatement le nombre d'armes indiqué. Il me répliqua avec un sourire doux et fin, car ce terrible révolutionnaire avait les façons d'un homme du monde parfaitement élevé : « C'est bien » simple, je n'ai qu'à prendre le nombre des officiers

» du bataillon, car si l'un d'eux par hasard était assez » riche pour se payer un sabre, il n'eût certainement » pas été élu. »

Nous voyions aussi arriver les officiers d'artillerie échappés de Sedan : ils étaient assez peu nombreux et avaient dû, pour s'échapper, déployer une forte dose d'énergie. Un d'eux, mon camarade de promotion L..., devenu général de brigade et aujourd'hui en retraite, avait pris des vêtements bourgeois dans la maison où il demeurait, et commençait à franchir une des portes de la ville, lorsque la tête de colonne d'un régiment prussien parut sur le pont-levis. La musique jouait une parodie de la *Marseillaise*, la troupe marchait d'un pas accéléré; les officiers supérieurs rudoyaient les rares individus qui se trouvaient sur le passage de la colonne; mon ami fut repoussé dans la ville à coups de baïonnette, mais il s'empressa d'en sortir dès que le défilé fut terminé et gagna la frontière de Belgique d'où il se rendit à Paris. Un autre, le capitaine, aujourd'hui colonel D..., brillant officier de la garde, sorti vêtu en paysan, fut requis par les Prussiens pour travailler à l'inhumation des morts gisant sur le champ de bataille et, comme le précédent, gagna la frontière de Belgique. Le général Minot, alors colonel, parvint heureusement à s'échapper de Lunéville; il descendit d'un train où se trouvaient tous les officiers, se rendit aux water-closets, où on lui passa un costume de paysan qu'il revêtit, et se cacha pendant quelques jours chez un ami (le capitaine en retraite Busach), d'où il trouva moyen de gagner Paris. Il est à remarquer que, parmi les officiers ainsi évadés, aucun n'eut l'idée de retourner à son ancienne garnison. Tous se rendaient à Paris, comme s'ils se fussent sentis attirés par une force instinctive vers cette capitale qu'on était habitué à prendre pour la France elle-même.

C'est le 17 septembre que Paris fut complètement investi ; j'assistai, à Tours, au départ du dernier train qui devait entrer dans la capitale par la gare Montparnasse, en passant par le Mans. Il s'y trouvait un colonel et deux capitaines d'artillerie qui se hâtaient de regagner Paris. Je leur fis observer qu'on manquait en province d'officiers de leur arme, qu'ils n'avaient pas de postes déterminés à Paris et qu'en restant avec nous ils nous rendraient grand service, tout en se donnant des chances d'avancement. J'offris même au colonel le commandement de l'artillerie d'un des corps d'armée qu'on allait organiser; il refusa, regardant dédaigneusement la province. Il dut s'en repentir plus tard, car il aurait été certainement nommé général après un ou deux mois, tandis qu'à Paris, perdu dans la masse, il demeura colonel.

Avant notre départ de Paris, nous y vîmes aussi arriver quelques-uns des officiers qui avaient signé le *revers*, c'est-à-dire l'engagement de ne pas servir contre l'Allemagne pendant la durée de la guerre, moyennant quoi ils pouvaient se retirer librement dans leurs foyers. Un pareil engagement était formellement contraire à la loi d'après laquelle les officiers ne doivent, en aucun cas, séparer leur sort de celui de leurs soldats. Ceux qui le signèrent eurent donc tort et plusieurs d'entre eux aggravèrent ce tort en acceptant des fonctions actives, sinon à l'armée, du moins à l'intérieur du territoire français. Ce qui les excuse, c'est qu'ils ne comprirent pas bien la portée de leur acte, et je me demande comment il se peut qu'on n'ait jamais fait aux officiers des conférences sur les lois internationales de la guerre, sur la situation faite aux prisonniers, sur la nature des engagements qu'ils pourraient contracter, sur les devoirs qu'il leur reste à remplir vis-à-vis de leur pays, sur les droits qu'ils conservent à l'avancement, etc... A-t-on aujourd'hui comblé cette lacune? C'est ce que je ne saurais affirmer. On eut le grand tort, à la délégation, de donner des commandements en Algérie à des officiers qui avaient signé le revers, et même de les employer en France pour commander des dépôts, servir dans des établissements, voire même dans les bureaux du ministère, passer des inspections, etc... Cela nous donna un bien mauvais vernis aux yeux de nos adversaires.

Ainsi se passait notre temps. Cependant l'armée allemande s'avançait et l'investissement de Paris semblait de plus en plus devoir être prochain. On essaya de retarder cet investissement en envoyant sur les routes de l'Est tous les régiments de cavalerie restés disponibles à Paris. Nous les vîmes défiler sur le quai d'Orsay, leur tenue ne laissait rien à désirer, mais ils étaient commandés par un général emprunté au cadre de réserve, parfait cavalier, habile à manœuvrer d'après les principes de Saumur, lequel devait donner plus tard sa mesure en laissant échapper l'armée bavaroise, le soir de la bataille de Coulmiers. Aussi cette belle cavalerie ne fit-elle rien et ne retarda-t-elle pas d'une heure la marche des Allemands. Il y eut bien quelques colonels qui eurent l'intention de tenter des coups de main lorsque l'occasion s'en présentait, mais le général R... refréna leur ardeur intempestive. Le colonel du 9e chasseurs, entre autres, demanda l'autorisation de s'emparer d'un détachement de deux escadrons qui se trouvait à sa portée, le général lui riposta par une défense formelle de bouger.

Le gouvernement ne tenait pas d'ailleurs à ce qu'on eût des engagements avec l'ennemi ; il se proposait purement et simplement de s'enfermer dans Paris avec des forces suffisantes pour garder les remparts, et d'attendre patiemment que l'intervention de l'Europe vînt le délivrer, en s'opposant à l'anéantissement de la France. Pour cela, il fallait accumuler dans la capitale tous les approvisionnements possibles. Nous dûmes, au bureau de l'artillerie, résister par la force d'inertie ou par la ruse aux ordres saugrenus qui nous arrivaient constamment. Pour peu qu'on eût mis de zèle à exécuter ces ordres, il n'y eût eu sur le territoire français, en dehors de Paris et des places déjà investies, ni un canon sur affût, ni un fusil modèle 1866, ni une cartouche. On fut bien près d'arriver à ce résultat, ce qui n'empêcha pas plus tard les chefs du gouvernement, investis dans la capitale, de se plaindre de l'inertie des départements, ne faisant aucune tentative pour les délivrer.

Les parcs d'artillerie des 13e et 14e corps d'armée (Vinoy et Renault), organisés à Paris, étaient installés avec tout leur personnel dans le jardin des Tuileries. Prétextant de l'embarras qu'occasionnaient ces hommes et ces chevaux, je fis donner l'ordre d'expédier ces deux parcs sur Tours, où leur matériel servit de noyau à l'artillerie des corps d'armée créés plus tard en province ; ce fut là en effet une ressource des plus utiles. Les Prussiens se firent d'ailleurs mes complices en accélérant leur marche, car il devint impossible de rien expédier à destination de Paris.

Quoique le gouvernement eût l'espoir de traiter bientôt de la paix, il comprit cependant la nécessité de pourvoir à l'administration des départements et à la formation des corps d'armée, destinés à marcher au besoin sur la capitale. Il fut décidé en conséquence que deux membres du gouvernement, chargés de ses pouvoirs, se rendraient à Tours, et qu'ils y seraient accompagnés, pour l'expédition des affaires, d'une délégation de chacun des ministères. Les deux membres désignés furent MM. Crémieux et Glais-Bizoin, c'est-à-dire, sans leur faire de tort, les deux moins capables d'imprimer à la défense nationale un effort énergique. M. Crémieux était déjà un vieillard parlant avec éloquence, mais affaibli par l'âge; M. Glais-Bizoin était un causeur aimable, mais n'ayant aucune idée pratique. Quant aux délégations des ministères, elles étaient aussi peu nombreuses que possible; il semblait que, pour les employés supérieurs de ces ministères comme pour les membres du gouvernement, faire partie de la délégation fût une corvée dont chacun cherchait à se garer.

Je n'ai à m'occuper ici que de lá délégation du ministère de la guerre. Elle comprenait deux directeurs : MM. les généraux Lefort (cavalerie) et Véronique (génie), le chef du bureau de l'infanterie, M. Templier, celui du bureau de la cavalerie, Poyer, et d'autres dont je ne me rappelle pas les noms. L'artillerie y était représentée par le chef du bureau du personnel, M. le commandant Pourrat, très compétent dans sa spécialité, car il connaissait à fond le personnel de l'arme, et par moi, chef du bureau du matériel, assisté d'un officier dont je n'ai pas besoin de vanter ici le mérite, puisqu'il est devenu M. le général de division Mathieu, aujourd'hui directeur de l'artillerie au ministère de la guerre; il était alors chargé du service des bâtiments, mais devait diriger le bureau du matériel, moi-même étant chargé de la surveillance des deux bureaux, sous l'autorité supérieure du général Véronique. Le chef de la délégation était M. le général Lefort.

Outre les trois officiers que j'ai nommés (moi y

compris), la délégation de l'artillerie se composait du sous-chef de la comptabilité finances, de deux ou trois gardes et d'un nombre égal d'employés. Je réclamai contre l'insuffisance des moyens mis à ma disposition, on me rit au nez et M. l'intendant G..., un des gros bonnets du ministère, me tint ce langage : « Vous figurez-vous par hasard que vous allez faire » de la besogne là-bas ? Vous n'aurez qu'à y passer » quelques jours, dans l'attente des événements. La » paix ne tardera pas à se conclure et vous serez » rappelé à Paris. Ne vous préoccupez donc de rien. » Voilà toute la réponse que j'obtins. Je ne fus pas plus heureux en demandant l'autorisation de choisir dans les cartons quelques documents que je prévoyais devoir nous être utiles ; la direction ne voulut se dessaisir de rien. Le ministre de la guerre semblait cependant ne devoir jouer aucun rôle dans une ville investie, n'ayant plus de communications avec le reste du territoire français, et dont le gouverneur avait une autorité suffisante pour donner tous les ordres relatifs à la défense. Il eût donc été plus naturel d'envoyer à Tours, sinon tout le personnel du ministère, du moins la plus grande partie de ce personnel et notamment tous les directeurs.

On nous prévint, je crois, le 11 septembre, que nous devions partir le 13, par un train qui nous était désigné. Bien qu'on nous fît prévoir notre prochain retour à Paris, je crus devoir emmener avec moi toute ma famille, c'est-à-dire ma femme et mon fils, mais ne supposant pas que notre absence pût se prolonger jusqu'à l'hiver, nous n'emportâmes que les effets indispensables pour la saison, laissant le reste, rue de Rivoli, dans l'appartement d'un ami où tout fut brûlé sous la Commune. Les deux autres officiers de la direction d'artillerie emmenèrent également leurs familles. Si je cite cette particularité, et si j'y ajoute que je voyageai dans le même compartiment que M. le commandant et Mme Pourrat, c'est pour raconter une anecdote qui caractérise assez bien l'époque à laquelle nous nous trouvions.

Il va sans dire que le gouvernement provisoire avait, après le 4 Septembre, bouleversé toutes les administrations départementales ; préfets et sous-préfets de l'Empire avaient dû faire place à de nouveaux fonctionnaires, pris un peu partout. Or, dans le compartiment où nous nous trouvions, un des coins était occupé par un homme jeune encore, paraissant à la fois doué de beaucoup d'aplomb et d'un certain embarras, habillé de neuf des pieds à la tête avec des vêtements évidemment fournis par un magasin de confections. Le commandant Pourrat, après l'avoir examiné, se pencha vers mon oreille et me dit tout bas : « C'est un nouveau sous-préfet. » Nous rîmes beaucoup de cette supposition qui paraissait plausible et nous n'y pensâmes bientôt plus. Or, quelques jours après notre installation à Tours, le préfet d'un département voisin vint à mon bureau pour une demande générale d'armes et de munitions. Il était accompagné des sous-préfets de son département. L'un d'eux rougit légèrement en nous apercevant ; c'était notre ancien compagnon de voyage ! Le commandant Pourrat avait deviné juste.

Ce fut le 13 septembre, à midi, que nous nous embarquâmes à la gare d'Orléans. Il était grand temps de partir ; déjà les coureurs de l'armée allemande se montraient sur la rive droite de la Seine, et il était dans les choses possibles que notre train reçût quelques coups de fusil ou même de canon. Il n'en fut rien ; nous arrivâmes sans encombre à Juvisy, où la ligne du chemin de fer s'éloigne de la Seine, nous aperçûmes, entre Étampes et Orléans, sur la grande route qui court parallèlement à la ligne, un des deux parcs expédiés de Paris, nous dépassâmes de même le second parc entre Orléans et Blois et nous fûmes rassurés sur leur compte. Il était environ quatre heures quand nous arrivâmes à Tours.

LIVRE II

TOURS

I

LA DÉLÉGATION

Arrivée et installation à Tours. — L'amiral Fourichon. — Le général Lefort. — Le commandant Mathieu. — Difficultés de la situation. — Batteries d'artillerie, fusils, cartouches. — Formation du 15e corps d'armée. — Le général de Blois de la Calande. — Erreur du général Brialmont. — 1870 et 1793. — Fusées percutantes. — Armement des troupes. — Manufactures d'armes de Saint-Étienne et de Tulle. — Marchés passés en Angleterre. — Commission d'armement. — Nouvelles de l'entrevue de Ferrières. — Les commissaires de la défense. — La garde nationale. — Conseil du gouvernement. — Cartouches et capsules modèle 1866. — Les francs-tireurs parisiens. — Garibaldi à Tours.

Je n'ai donné jusqu'à présent que les quelques détails nécessaires pour bien faire comprendre la situation de la délégation du ministère de la guerre (artillerie) à Tours et à Bordeaux. Maintenant que nous sommes arrivés à Tours, je m'étendrai plus longuement sur les faits dont j'ai gardé le souvenir.

On nous avait prévenus qu'à Tours la délégation serait installée dans l'hôtel du maréchal commandant le corps d'armée, hôtel devenu vacant par suite du départ du maréchal Baraguey-d'Hilliers qui ne fut pas remplacé. A peine le train était-il en gare que tous les employés faisant partie de la délégation s'envolaient comme une bande d'oiseaux vers l'hôtel désigné, donnant par son jardin sur le boulevard et non loin de la gare. La plupart étaient accompagnés de leurs femmes et portaient à la main leurs sacs de voyage. En un clin d'œil, tout l'hôtel fut envahi. Aucune désignation de local n'ayant été faite à l'avance, chaque employé choisit une chambre ou deux pour s'y installer et s'en empara de sa propre autorité. Les derniers venus, c'est-à-dire les chefs de bureau et les directeurs, que leur grandeur empêchait de courir, ne trouvèrent plus rien, mais les premiers arrivés furent fort désappointés lorsqu'on leur signifia que, personne ne devant être logé dans l'hôtel du maréchal, ils eussent à déguerpir avec leurs sacs de voyage et leurs femmes. Ce déménagement d'un ministère ressemblait fort à celui des comédiens du *Roman comique*. Nous n'avions guère envie de rire cependant!

On nous avait ajournés au lendemain pour prendre possession des locaux qui seraient affectés aux bureaux de l'artillerie; nous attendîmes deux grandes heures dans la cour que la distribution fût achevée, et nous employâmes ce temps à ouvrir le ballot de papiers blancs que nous avions apporté. Nous envoyâmes acheter des plumes et de l'éncre chez un papetier de la Grande Rue, et je dictai à mes officiers et employés, assis sur les bornes de la cour, une circulaire adressée à tous les directeurs des établissements d'artillerie, pour leur demander une situation exacte du matériel qu'ils possédaient. Ce fut là le point de départ de notre travail ; nous allâmes ensuite prendre possession d'une partie du rez-de-chaussée de l'hôtel du corps d'armée, comprenant le cabinet du maréchal et le bureau de ses officiers. C'était une installation luxueuse et à peu près commode, mais nous n'y restâmes pas longtemps : le lendemain, à quatre heures, deux messieurs entrèrent dans nos bureaux, examinèrent tout et déclarèrent que cette installation conviendrait parfaitement à l'amiral Fourichon, ministre de la marine, désigné pour faire partie de la délégation du gouvernement et y diriger les deux ministères de la guerre et de la marine.

Mon opinion particulière est que, dans un gouvernement bien organisé, il pourrait très bien n'y avoir pour ces deux départements qu'un seul ministre, dit de la défense nationale, mais avec les habitudes de la marine, je ne crois pas qu'un amiral soit bien qualifié pour être ministre de la guerre, pas plus qu'un général pour être ministre de la marine, pas plus d'ailleurs qu'un officier du génie pour être directeur de l'artillerie, comme je m'en assurai bien vite.

Les deux messieurs qui venaient visiter mon bureau étaient le contre-amiral Roussin, chef d'état-major de l'amiral Fourichon, et M. Béraldi, commissaire général, directeur de la comptabilité; tous deux se montrèrent fort aimables, ce qui n'empêcha pas le capitaine Mathieu de leur dire avec empressement : « Cet encrier est à moi; je l'ai acheté chez un papetier de la rue Royale où vous pourrez en acheter un » si cela vous fait plaisir. » Tout cela en réponse à l'observation faite par M. Béraldi que l'amiral trouverait en arrivant de quoi écrire. Nous quittâmes donc ces beaux bureaux où l'amiral vint s'installer le soir avec Mme Fourichon. Nouveau détail, digne du *Roman comique* : un de nous ayant oublié ses papiers sur sa table, fut les rechercher le lendemain et les retrouva sous une cuvette.

La situation qui nous était faite n'était en perspective rien moins qu'agréable; il s'agissait d'organiser une armée de secours pour la délivrance de Paris et, même dans la supposition où cette armée n'aurait pas à combattre, elle devait tout au moins exister et présenter une apparence respectable. Or, en ce qui concerne l'artillerie, voici les ressources dont nous disposions.

Les 21 régiments existant avant la guerre comprenaient 164 batteries montées ou à cheval, pouvant servir 984 bouches à feu, et 60 batteries à pied pour le service des sièges, des places et des côtes. L'armée du Rhin avait absorbé dès le début 156 batteries attelées, servant 936 bouches à feu. Dès le mois d'août, on avait obtenu, par la transformation d'un certain nombre de batteries à pied, 42 nouvelles batteries attelées, servant 252 bouches à feu, qui formèrent l'artillerie des 12e, 13e et 14e corps d'armée. A la date du 17 septembre, il ne restait plus en dehors de Paris, de Metz et de Strasbourg, que les débris de 6 batteries échappées de Sedan, 5 batteries en Afrique, et une batterie réfugiée à Mézières dont l'existence ne fut connue qu'au mois de décembre. En fait de matériel, il n'existait en magasin que celui de 5 batteries de 12. Tel fut le point de départ des bureaux pour l'organisation de l'artillerie nécessaire à douze corps d'armée, formés par la délégation. Il convient en outre d'observer que, sur les 21 dépôts, 13 seulement restèrent libres, les autres étant enfermés dans les places investies.

Pour les fusils d'infanterie, modèle 1866 (chassepot), il existait au début de la guerre, tant entre les mains des troupes qu'en magasin, un million de fusils. Au moment de l'investissement de Paris, il n'y avait dans les départements que 350 000 de ces fusils dont 120 000 en magasin, pour suffire à l'armement de tous les hommes qui devaient être appelés sous les drapeaux, soit dans les dépôts d'infanterie de l'armée active, soit dans les régiments de garde nationale mobile.

La situation en ce qui concerne les cartouches était plus critique encore : sur 100 millions de cartouches existant au début de la guerre, il n'en restait plus en magasin, à la date du 17 septembre, que 2 millions, la différence ayant été distribuée aux troupes ou enfermée dans les places de Paris, Metz et Strasbourg. Le plus fâcheux, c'est que les moyens de fabrication manquaient presque totalement. La cartouche modèle 1866 était des plus compliquées; cette cartouche comprenait plusieurs modèles de papiers découpés, exclusivement confectionnés jusque-là par une maison de Paris, et pour lesquels il fallait installer des ateliers en province. De plus, les ateliers existant pour la fabrication des cartouches elles-mêmes ne pouvaient en produire qu'environ 3 millions par mois, chiffre ridiculement insuffisant; il fallait donc de toute nécessité installer de nouveaux ateliers et les pourvoir d'un outillage compliqué, jusque-là fourni par l'atelier de précision établi à Paris. Je ne donne ici qu'un aperçu des difficultés avec lesquelles le personnel réduit de notre petite délégation allait se trouver aux prises.

Ce personnel fut bientôt augmenté d'un nouvel officier, M. le capitaine Simon, qui fut chargé du service des armes portatives. Jeune, ayant peu d'expérience, le capitaine Simon sut se rendre utile à force de zèle et de bonne volonté, son concours me fut des plus précieux. Mais je ne saurais trop insister sur celui que me prêta M. Mathieu, d'abord capitaine, puis chef d'escadron (aujourd'hui directeur de l'artillerie au ministère de la guerre), pendant ces longs mois d'épreuves et de travaux assidus. Je n'ai jamais trouvé chez personne la puissance et la facilité de travail qui le caractérisent. Avec son aide et celle de M. le commandant Pourrat, qui avait une connaissance profonde du personnel de l'artillerie, je me mis immédiatement à l'œuvre pour tirer de la situation le meilleur parti possible.

En quittant Paris, M. le général Lefort emportait l'ordre de former immédiatement un 15e corps d'armée, qui devait servir de noyau à l'armée de secours. Ce corps d'armée devait comprendre, sous les ordres du général de la Motte-Rouge, trois divisions d'infanterie et une division de cavalerie. C'est à le munir de l'artillerie nécessaire que nous dûmes consacrer nos premiers efforts, et nous pûmes, en moins d'un mois, lui fournir cent huit bouches à feu bien attelées et bien servies, comparables à tous les points de vue à celles qui avaient disparu avec l'armée du Rhin ou étaient enfermées dans Paris. Le nombre en fut ensuite rapidement porté à cent vingt-huit, dont soixante-douze de 4, quarante-huit de 8 et huit canons à balles ou mitrailleuses.

Il fallut, dans les dépôts des régiments ainsi que dans les arsenaux, accomplir des prodiges d'activité et de persévérance pour en arriver là, mais les populations, ignorantes des difficultés, ne nous en accusaient pas moins d'inertie et de lenteur. Ces reproches de l'opinion publique et les criailleries des gens qui s'agitaient, véritables mouches du coche, autour du gouvernement, ne furent que l'affaire d'un moment. La rapidité avec laquelle arsenaux et régiments produisirent plus tard des batteries propres à entrer en campagne désarma les plus exigeants.

L'artillerie du 15ᵉ corps était commandée par M. le général de Blois de la Calande, du cadre de réserve, officier des plus remarquables, doué, sous une frêle enveloppe, d'une énergie infatigable, connu dans l'arme pour ses idées originales sur l'efficacité des bombardements, dont il avait été le plus éloquent promoteur pendant le siège de Sébastopol. Le général de Blois a, dans un livre intéressant, exposé le récit des actions de l'artillerie du 15ᵉ corps d'armée, depuis son organisation jusqu'à la seconde prise d'Orléans par l'armée allemande. Tout en rendant justice aux efforts déployés par le service de l'artillerie auprès de la délégation de Tours, il s'est plaint cependant de l'insuffisance numérique de son artillerie, et M. le général belge Brialmont, ami du général de Blois, a reproduit ses plaintes, en y insistant, dans une notice consacrée à l'exposé de la vie et des ouvrages de son ami.

Il est certain que le 15ᵉ corps d'armée ayant un effectif de près de 60 000 hommes et une artillerie de 128 bouches à feu, cela ne lui faisait guère plus de 2 canons par mille hommes, proportion aujourd'hui plus que doublée; mais, en se plaignant et obéissant peut-être à l'arrière-pensée de faire valoir davantage ce qu'avait fait le personnel sous ses ordres, M. le général de Blois oubliait qu'après avoir formé le 15e corps, la délégation organisait le 16e, puis le 17e, le 18e, le 20e, et qu'il fallait à tous ces corps d'armée, aussi bien qu'au 15e, une artillerie respectable. C'est ce dont n'a nullement tenu compte M. le général Brialmont, lorsqu'il compare l'effort national de 1870 à celui de 1793. Je ne parle ici, bien entendu, que de l'artillerie, c'est-à-dire des batteries mises sur pied, des armes distribuées aux troupes, du matériel fabriqué et des cartouches confectionnées; si l'on établissait la balance, on verrait que tout l'avantage est pour 1870.

Les progrès de l'industrie, la facilité des moyens de communication aidaient singulièrement, il est vrai, à la tâche des organisateurs de 1870; mais, d'autre part, la complication du matériel et des munitions la rendait bien autrement difficile que celle de leurs prédécesseurs. Au plus fort du mouvement révolutionnaire, on avait pu installer un mode de fabrication rapide de la poudre et confier la confection des cartouches à des ateliers improvisés; il n'en était plus de même en 1870. En outre, une raison politique, dont on n'a pas tenu assez compte jusqu'ici, facilita les opérations de 1793 et de 1794. Les puissances étrangères désunies entre elles par leur convoitise, les yeux fixés sur la Pologne plus que sur la France, accordèrent à celle-ci un répit de plusieurs mois, pendant lesquels elle put reprendre haleine et reconstituer ses moyens de défense. Elle avait été battue sur les frontières du Nord, de l'Est et du Midi, elle était attaquée en flanc par l'insurrection redoutable de la Vendée, mais ses armées n'avaient pas été écrasées comme elles le furent en 1870 à Metz et à Sedan. Ceux qui travaillèrent à sa défense n'étaient pas, comme nous l'avons vu de nos jours, forcés d'agir en présence de masses innombrables qui s'avançaient victorieuses jusqu'au cœur du territoire. Toute comparaison qui n'est pas fondée sur la connaissance exacte des faits est nécessairement injuste.

Instruits par l'expérience, nous avons pu diminuer les causes d'infériorité de notre artillerie vis-à-vis de l'artillerie allemande, en supprimant une de ces causes. Les obus des anciens canons rayés de quatre et de douze de campagne pouvaient recevoir, pour déterminer leur éclatement, deux sortes de fusées ; les unes, dites fusantes, donnant l'éclatement à des distances déterminées ; les autres, dites percutantes, détonant lorsque le projectile, en décrivant sa trajectoire, se heurtait à un obstacle. Les premières avaient le grave inconvénient de faire éclater l'obus trop tôt ou trop tard, et de ne le rendre meurtrier que dans une zone très restreinte ; les batteries armées de ces fusées restaient donc la plupart du temps impuissantes vis-à-vis de l'artillerie allemande. Les fusées percutantes au contraire agissaient à toutes les distances, mais on les regardait comme dangereuses dans leur maniement et dans le transport des munitions chargées sur les caissons. Cependant, au Mexique, une batterie d'artillerie avait pu venir de Mazatlan à la Vera-Cruz, c'est-à-dire parcourir une distance de plusieurs centaines de kilomètres, sans le moindre accident. Le président du comité de l'arme (c'était alors le général Le Bœuf) s'était absolument refusé, malgré les instances des bureaux de l'artillerie, à tenir compte de ce fait. Il n'admettait d'autre initiative que celle de l'Empereur. Les premières batailles ayant démontré jusqu'à l'évidence l'inefficacité des fusées fusantes, et notre délégation se trouvant libre de ses actes, nous n'admîmes plus pour le chargement des projectiles creux que la fusée percutante, sans pouvoir toutefois appliquer d'une manière absolue le principe que nous avions posé, par suite de l'insuffisance des approvisionnements et des difficultés de la fabrication.

Combien de fois me suis-je rappelé, pendant mon séjour à Tours et à Bordeaux, les paroles d'un vieil officier de la République et du premier Empire. Le général Mossel avait commandé à Austerlitz l'artillerie légère qui appuyait la cavalerie de Murat, et avait reçu sur ce célèbre champ de bataille les remerciements chaleureux du grand chef des escadrons de Napoléon ; il avait, à Essling, protégé le dernier la retraite de l'armée dans l'île Lobau ; c'était dans toute la force du terme un troupier, un canonnier de bataille. Devenu, sous la Restauration, commandant de l'école d'artillerie de Valence, il présidait un jour la conférence des capitaines, dans laquelle on avait traité plusieurs questions intéressant le service de l'arme. Forcé, à la fin de la conférence, de résumer la discussion, il se borna à dire : « Tout cela est fort » bien, et vous avez exprimé, messieurs, des opinions » très savantes; mais en temps de paix on fait comme » on veut, en temps de guerre on fait comme on peut. » C'est afin de pouvoir faire désormais comme on voudra que l'on dispose aujourd'hui, d'avance et pendant qu'on jouit des bienfaits de la paix, tout ce qui pourra être nécessaire pendant la guerre. Rien de semblable n'existait en 1870 ; le malheur nous a dotés d'une expérience qui n'aura pas été inutile, comme peuvent en juger surtout ceux qui ont mis la main à la pâte, pendant l'épreuve de 1870.

La plus grande difficulté que nous eûmes alors à vaincre tint à l'armement des troupes. Les hommes affluaient dans les dépôts des régiments de ligne. La garde nationale mobile s'organisait ; composée d'hommes vigoureux, se connaissant tous entre eux comme ayant la même origine, elle s'est en général bravement battue, mais il lui manquait des officiers et de bons fusils. J'ai déjà dit qu'il n'existait en magasin au 17 septembre que 120 000 fusils modèle 1866; les troupes de ligne et de garde nationale mobile en avaient 230 000. Les gardes nationales mobiles possédaient en outre de 60 à 70 000 anciens fusils transformés, au chargement par la culasse, d'après le système dit *à tabatière*. Enfin, 80 000 fusils ou carabines à percussion étaient entre les mains des gardes nationales. Tout cela était bien insuffisant pour armer la nation entière comme on se proposait de le faire, et il n'y avait guère de remède à une situation qui devenait de jour en jour plus critique.

Il était extrêmement difficile de conserver dans les salles d'armes les fusils nécessaires pour armer les jeunes soldats lorsqu'ils arrivaient. Les populations et les fonctionnaires civils se refusaient absolument à comprendre qu'on laissât dans les magasins les fusils modèle 1866, lorsqu'à côté de ces magasins se trouvaient des bataillons de garde nationale mobile armés de fusils à percussion. Nous recevions à ce sujet, chaque jour, des dépêches des plus pressantes. C'est ainsi que le préfet de Nantes télégraphiait le 29 septembre à M. Crémieux : « Député Carré-Kéri- » souet a donné devant moi à Rennes chiffre de chas- » sepots existant arsenal de Brest et arsenal de » Lorient, et hier soir gare Nantes bataillons mor- » bihannais d'élite allaient à la guerre avec mauvaises » armes. Bureaucratie ennemie de patrie par inces- » santes difficultés ; aviser au plus vite. » On lui répondait : « Les fusils restant à Brest et à Lorient » ont leur destination qui n'est pas réglée par les » bureaux, mais par les nécessités de la guerre ; si » l'on distribuait les armes de chaque arsenal dans

» la localité même, que resterait-il aux nombreuses
» localités qui n'ont pas d'arsenaux? »

Quelquefois même, les autorités civiles disposaient des fusils sans autorisation. Une dépêche, datée du Havre le 21 septembre et signée d'un adjoint au maire, était ainsi conçue : « 2e bataillon du Havre,
» mobile, veut marcher mais veut des armes per-
» fectionnées. Avons arrêté pour lui mille trois cents
» chassepots destinés à Rennes, autorisez à conserver
» contre tabatières que nous rendons, télégraphiez
» immédiatement. »

Je pourrais citer bien d'autres dépêches, je me bornerai à celle-ci, adressée au ministère de la guerre, le 29 septembre, par le préfet d'Annecy :
« Le troisième et dernier bataillon des mobiles du dé-
» partement a quitté aujourd'hui Annecy pour Vesoul,
» je dois faire connaître que ces bataillons réclament
» avec raison des armes autres que les fusils à per-
» cussion ; ils ont déclaré ne pas vouloir aller au feu
» sans chassepots, je vous prie d'aviser. » Il fut répondu à ce préfet par le télégramme suivant : « Votre
» dépêche est déplorable, votre devoir était de réagir
» contre le préjugé insensé qui discrédite les armes à
» percussion, très bonnes entre les mains d'hommes
» déterminés, pour la guerre de partisans. » A quoi le préfet de la Haute-Savoie répliqua : « J'ai réagi
» de tout mon pouvoir contre l'idée que les fusils à
» percussion n'étaient pas suffisants pour la guerre
» de partisans, mais je n'ai pu donner aux hommes la

» confiance qu'ils ne voulaient pas avoir absolument.
» Les officiers eux-mêmes réclament, j'ai eu beaucoup
» de peine à les calmer tous au moment du départ,
» j'ai donc accompli mon devoir, même à mes risques
» et périls. »

Je n'ai pas besoin d'ajouter que nous ne pensions guère nous-mêmes autrement que le préfet d'Annecy et les gardes nationales mobiles de la Haute-Savoie, mais que pouvions-nous faire, dans le présent du moins, contre la pénurie d'armes ?...

En premier lieu, il fallait activer la production des manufactures d'armes et la pousser au maximum, mais nous ne pouvions en augmenter du jour au lendemain l'outillage, et les ouvriers faisaient défaut. De plus, notre bonne volonté et les efforts des officiers placés à la tête des trois manufactures de Tulle, Saint-Étienne et Châtellerault étaient sans cesse contrariés par des mouvements populaires ou les mesures prises par l'autorité locale. Il arriva même que le colonel directeur de la manufacture de Saint-Étienne, fatigué des tiraillements, des critiques, des menaces même auxquelles il était en butte, pria le ministre de le décharger de ses fonctions. Sa dépêche dénotait un véritable découragement ; il lui fut donc répondu qu'il eût à se retirer dès que l'officier supérieur actuellement placé à la tête de la manufacture de Tulle, et désigné pour le remplacer, serait arrivé. Le directeur répliqua séance tenante que le ministre avait mal interprété ses plaintes et qu'il demandait à être encouragé, mais non à être remplacé ; il fut donc maintenu dans ses fonctions.

Nous ne pouvions songer d'ailleurs à changer de position le directeur de la manufacture de Tulle, que les autorités, improvisées le 4 Septembre, attaquaient injustement. Excellent officier, très au courant de ce qui concernait son service, y apportant toute l'activité désirable, M. le commandant L... avait, aux yeux de certaines gens, le tort d'appartenir à une famille dont les opinions politiques étaient en désaccord avec l'état de choses inauguré le 4 Septembre. Le préfet demanda qu'il fût révoqué et remplacé par le sous-directeur, dont l'enthousiasme pour la République n'avait pas de limites. Ce haut fonctionnaire en donnait comme preuve la démarche, au moins singulière, faite auprès de lui par le sous-directeur, qui s'était vanté de ne plus porter sa croix d'officier de la Légion d'honneur parce qu'il la tenait de l'ex-empereur Napoléon III. En présence de pareilles dénonciations, il y allait de la dignité et de l'autorité du ministre de résister aux injonctions du préfet, et de ne pas introduire la politique dans une question qui intéressait avant tout la défense nationale.

Les trois manufactures d'armes rivalisèrent bientôt de zèle et d'activité et leur production totale s'éleva à mille fusils par jour. Mais ce chiffre était loin de suffire à des besoins qui grossissaient continuellement, personne ne voulant plus de fusils ancien modèle. En conséquence, on poursuivit l'exécution des marchés passés en Angleterre par le ministre Palikao pour la fourniture d'armes se chargeant par la culasse et, la plupart de ces marchés n'aboutissant pas à des résultats efficaces, on en conclut de nouveaux. La question des marchés est une des plus brûlantes qu'ait soulevées la guerre de 1870 et de 1871. Elle a donné lieu, contre le ministère de la guerre et contre sa délégation, à de violentes attaques dont le temps a fait justice et sur lesquelles je n'ai pas à revenir. Je me bornerai à rappeler la réponse que le ministre Palikao fit à la commission instituée par l'Assemblée nationale, au mois d'avril 1871, pour la revision des marchés.

Un membre de cette commission reprochait au ministre d'avoir traité avec des fournisseurs d'une moralité douteuse, tandis qu'en temps ordinaire l'administration faisait preuve à cet égard de scrupules presque exagérés ; l'ancien ministre répondit : « C'est » bien facile à expliquer : quand je veux me faire » habiller, je choisis pour tailleur un honnête homme ; » mais, si, pendant que je me trouve dans la rue, » mon pantalon se déchire tout à coup et que je sois » menacé de marcher les jambes nues, je m'adresse » au premier individu qui peut me le raccommoder, » sans m'inquiéter de son degré de moralité. »

C'est, en effet, ce qui arriva pour les fournitures d'armes : on avait un besoin absolu de fusils ; on accueillit à peu près toutes les offres qu'on reçut à ce sujet, mais ces offres n'aboutirent qu'à un bien mince résultat, le nombre de fusils à vendre étant des plus restreints sur les marchés d'Europe et d'Amérique. On avait beau traiter avec de nombreux fournisseurs, c'étaient toujours les mêmes fusils qui reparaissaient, comme les figurants qui représentent une armée sur le théâtre, en défilant d'une manière continue. Les marchés passés directement par le ministère de la guerre et sa délégation ne donnèrent en tout que quarante-huit mille fusils se chargeant par la culasse, du modèle Snider.

Peu de temps après son arrivée à Tours, la délégation du gouvernement, encore composée de l'amiral Fourichon et de MM. Crémieux et Glais-Bizoin, institua une commission d'armement, chargée de rechercher et d'acheter toutes les armes qui pourraient se trouver disponibles, principalement en Amérique. Elle était présidée par M. Lecesne, du Havre, que ses relations avec le gouvernement des États-Unis et les négociants américains rendaient particulièrement propre au genre de service qu'on attendait de la commission d'armement. Cette commission procura, en effet, au ministère de la guerre un nombre d'armes et de cartouches considérable, mais dont la plus grande partie arriva lorsqu'il était déjà trop tard pour pouvoir s'en servir. Elle éprouvait d'ailleurs les plus grandes difficultés. C'est ainsi qu'elle put se procurer assez vite plusieurs milliers de fusils du modèle Remington, mais ces fusils n'avaient pas de baïonnettes, parce que la manufacture de Remington faisait faire ses baïonnettes en Allemagne. Il fallut donc en installer la fabrication dans une usine du département de la Loire. En attendant, les fusils restèrent sans baïonnette, et l'impatience avec laquelle on insistait pour avoir des armes se chargeant par la culasse devint telle, qu'on eut la main forcée et que l'on se vit dans l'obligation de distribuer un certain nombre de ces fusils sans baïonnette. Un régiment de mobiles, celui de Loir-et-Cher si j'ai bonne mémoire, s'en servit du reste très bien à la bataille de Coulmiers, exécutant ce qu'on appelle ordinairement une attaque à la baïonnette, attaque qui n'est, en réalité, la plupart du temps, qu'une marche en avant sans faire usage de la baïonnette.

J'avais été nommé membre de la commission d'armement. Mes occupations m'absorbant de plus en plus, je ne pus y rester jusqu'à la fin de notre séjour à Tours, mais, au début, j'étais très assidu aux séances, qui se tenaient dans le local affecté à la délégation du ministère de l'intérieur. Ce local n'était rien moins que le petit séminaire de Tours, devenu libre en raison des vacances. L'installation d'une administration républicaine dans un petit séminaire peut paraître extraordinaire, on s'étonnera peut-être encore davantage en songeant que l'israélite Crémieux, président de la délégation, était établi à l'archevêché et s'y asseyait à la table de monseigneur Guibert! C'est que, dans ces terribles moments d'épreuves, toute considération s'effaçait devant l'unique préoccupation de tous, les dangers de la patrie.

Outre M. Lecesne, son frère et moi, la commission d'armement comprenait dans son sein plusieurs ingénieurs de bonne volonté et un fonctionnaire du ministère de l'intérieur, M. Durangel, qui, malgré son dévouement nullement déguisé à l'ordre de choses renversé, inspirait la plus entière confiance aux chefs de la délégation, MM. Cazot, directeur général, et Laurier, secrétaire général. Il était, je crois, lui-même directeur de l'administration départementale et communale, poste qu'il a conservé jusqu'au départ du maréchal de Mac-Mahon en 1879; c'était un homme de l'esprit le plus fin et le plus délié, au courant de toutes choses et jugeant très bien les événements, quoique sous un jour quelque peu pessimiste. Grâce à lui, il était rare que je revinsse d'une séance de la commission sans en rapporter quelques précieuses informations ou quelques nouvelles intéressantes.

Un jour, en arrivant à la commission, je trouvai tous les visages assombris; presque tous les membres présents avaient l'air consterné et se parlaient tout bas à l'oreille, semblant se cacher de moi. Je demandai ce qu'il y avait de nouveau; ces messieurs se consultèrent du regard et l'un dit tout haut : « Au fait, nous pouvons bien mettre le colonel au courant. » Il me raconta alors l'entrevue de Ferrières, l'échec de Jules Favre vis-à-vis de Bismarck et les demandes de paix hautainement repoussées.

Comme cela paraissait ne pas m'émouvoir beaucoup : « Vous accueillez ces nouvelles bien tranquil-
» lement! s'écria un de mes collègues. — Que vou-
» lez-vous que cela me fasse? lui répliquai-je, je n'ai
» jamais pensé que les Allemands dussent nous accor-
» der ainsi la paix avant de nous avoir complètement
» écrasés. — Mais qu'allons-nous faire? — Continuer
» ce que nous avons fait jusqu'ici et nous préparer à
» nous défendre énergiquement. — Vous espérez donc
» dans le succès? — Je n'ose l'espérer, mais enfin il
» est au nombre des choses humainement possibles,
» et d'ailleurs je ne suis pas ici pour discuter de la paix
» et de la guerre. Nous avons la guerre, c'est chose
» certaine, et il est de mon devoir, dans la sphère que
» j'occupe, de travailler pour la guerre. » Là-dessus, le bruit se répandit bien vite que le chef de l'artillerie ne désespérait pas de la situation, et je devins pour le moment une sorte de personnage. J'eus même l'honneur d'être appelé plusieurs fois à siéger autour de la table au tapis vert, dans le salon de l'archevêché où se tenaient les conseils de la délégation.

L'harmonie la plus parfaite ne régnait pas, à vrai dire, dans ces conseils. L'amiral Fourichon, en sa qualité de marin, aimait la discipline, l'ordre et la régularité; Crémieux et Glais-Bizoin avaient contracté tout au contraire, en pérorant durant de longues années sur les bancs de l'opposition, des habitudes d'indiscipline et de critique. Bien au-dessus des forces régulières, ils plaçaient la garde nationale, et ils ne comprenaient l'autorité militaire, même dans la crise que nous traversions, qu'humblement subordonnée au pouvoir civil. Cette disposition, qui aurait pu être atténuée par le sentiment de la responsabilité, était sans cesse surexcitée par les déclamations des chefs du parti républicain, accourus à Tours de tous les coins de la France et dont plusieurs s'étaient fait nommer commissaires généraux pour un groupe de départements, avec la mission d'organiser la défense et pleins pouvoirs pour activer cette organisation.

Parmi ces personnages, les uns, malgré leur ardeur et le sérieux un peu comique avec lequel ils envisageaient leur rôle, se montraient modérés : tel était M. Ricard, qui, devenu plus tard ministre de l'intérieur, après la chute de l'Ordre moral, fut enlevé prématurément au parti républicain libéral. D'autres au contraire, qu'il est inutile de nommer, se signalaient par leur intransigeance, et voulaient que les généraux commandant les divisions territoriales fussent absolument soumis à l'autorité des commissaires. L'incident de Lyon, où le général Mazure, en hostilité déclarée avec M. Challemel-Lacour, fut arrêté et emprisonné par la populace, à la suite d'une émeute triomphante, mit le feu aux poudres. L'amiral Fourichon ne voulut pas admettre que les généraux fussent obligés de subir l'autorité des commissaires. Il donna sa démission de ministre de la guerre et se confina dans le ministère de la marine, tout en restant membre de la délégation gouvernementale.

La situation était loin d'ailleurs de s'améliorer. Nos trois gouvernants de Tours, sans communication aucune, depuis le 17 septembre, avec le gouvernement établi à Paris, en étaient réduits à agir d'après leur propre initiative. En fait, cette séparation, complète et définitive, fut un bien plutôt qu'un mal. L'habitude de la centralisation était telle en France qu'instinctivement on ne pouvait admettre une autorité supérieure en dehors de Paris, et que, malgré les pleins pouvoirs accordés à la délégation, le gouvernement de la capitale avait continué jusqu'au dernier moment à lui envoyer des ordres. J'avais fait désigner pour commander l'artillerie de la 1re division du 15e corps, qui se rassemblait sous les murs mêmes de Tours, dans la prairie qui borde le Cher, un excellent officier supérieur, alors chef d'escadron, directeur de la poudrerie du Ripault, lorsqu'il nous arriva de Paris un lieutenant-colonel, désigné pour le même poste par le ministre Le Flô, ou plutôt par le général Susane. Heureusement ce lieutenant-colonel, un peu découragé par les défaites de Beaumont et de Sedan, dont il avait eu sa part, ayant même la tête quelque peu dérangée, acheva de la perdre en voyant les jeunes troupes rassemblées sur le Cher, et demanda de lui-même un poste moins actif. Mais si la communication était restée libre entre Paris et nous, nous en aurions vu bien d'autres.

La formation du 15e corps avait marché assez lentement. Il y avait urgence cependant à envoyer des troupes sur Orléans, que menaçait un corps bavarois. Placés sous le commandement du même général qui avait neutralisé la cavalerie en avant de Paris, de beaux régiments de hussards, de dragons et de lanciers furent jetés sur la rive droite de la Loire, jusqu'à Toury, à 40 kilomètres environ en avant d'Orléans. Ils soutinrent bravement le choc de la cavalerie allemande, mais, dans ces vastes plaines de la Beauce, le nombre devait nécessairement l'emporter. Nos escadrons, battus à Toury et à Artenay, se replièrent sur Orléans, où ils traversèrent la Loire. Ce mouvement fut suivi par une partie de l'infanterie du 15e corps, et l'on put prévoir à brève échéance la prise d'Orléans par les Bavarois.

L'alarme se répandit à Bourges, où nous avions nos principaux moyens de production, entre autres la capsulerie dont la fermeture nous aurait occasionné de grands embarras en arrêtant la confection des cartouches pour fusil modèle 1866. Le général de division qui y commandait, emprunté lui aussi au cadre de réserve, écrivit à l'amiral Fourichon pour lui demander l'autorisation d'abandonner Bourges, après avoir fait évacuer le matériel de la capsulerie. On me fit appeler pour me donner connaissance de cette lettre découragée et décourageante, à laquelle on se proposait de donner suite. Dans ma fureur de voir évacuer Bourges, je m'emportai plus qu'il n'aurait convenu peut-être. Je déclarai qu'il fallait, pour déménager des établissements tels que ceux de Bourges, un délai raisonnable, que nous travaillions à en installer d'autres dans le Midi pour les remplacer, mais qu'en attendant il fallait nous cramponner là où nous étions, ou bien tendre le cou à l'ennemi en cessant toute résistance. Ma réclamation, quoique présentée sur un ton un peu violent, obtint satisfaction. Le général commandant à Bourges fut bientôt appelé à un nouveau poste, et nous pûmes conserver jusqu'à la fin de la guerre ce centre important de production. Nous en avions grand besoin, car la fabrication des cartouches d'infanterie était déjà loin de marcher à notre gré. Nous ne pouvions délivrer de fusils sans délivrer en même temps les munitions, et sans en avoir en réserve un approvisionnement suffisant pour subvenir aux consommations. Aussi étions-nous obligés de laisser en magasin, particulièrement à Toulouse et à la Rochelle, des fusils que nous n'aurions pas demandé mieux que de distribuer, et qu'on nous réclamait avec instance, parfois même avec menace.

L'envie d'avoir des fusils Chassepot était si grande qu'un personnage important de la délégation vint me trouver à mon bureau, et me demanda pourquoi nous gardions, sans en faire emploi, cinquante mille carabines de cavalerie modèle 1866. Je répondis que ces armes, exclusivement affectées aux troupes à cheval, ne pouvaient servir pour l'infanterie, parce qu'elles étaient trop courtes et n'avaient pas de baïonnettes. « Cela ne fait rien, me répliqua le personnage en ques-

» tion; on donnera ces carabines à des troupes de » seconde ligne.—Mais nous n'avons pas de cartouches » à délivrer en même temps. — Peu importe! Je vais » vous faire une confidence et vous mettre au courant » de la situation. Nous espérons en ce moment que les » puissances de l'Europe pourront intervenir pour né- » gocier la paix, mais on nous a fait observer que les » négociations ne sauraient avoir aucun effet utile, si » elles n'étaient appuyées sur une force réelle ou tout » au moins apparente. Dans ce cas, il importerait » d'avoir sous les drapeaux le plus grand nombre » d'hommes possible armés, mais pourvus ou non de » cartouches. » Malgré cette incroyable conversation, les carabines de cavalerie ne furent pas distribuées aux régiments de garde nationale ou aux légions de mobilisés, qui du reste n'en auraient voulu ni les uns ni les autres.

Il n'en était pas moins indispensable de pousser avec la plus grande activité la production des cartouches modèle 1866, dont la fabrication fut peut-être notre plus grand souci pendant toute la durée de la délégation. Dans le principe, nous ne pûmes disposer que des ateliers de l'État antérieurement installés, ou de ceux que nous fîmes installer nous-mêmes et qu'il nous fallut outiller. Plus tard, les ingénieurs des mines nous prêtèrent le plus précieux concours, en organisant des ateliers. Des départements et des villes en installèrent aussi, mais la plus grosse difficulté provint toujours du manque de capsules ; j'y reviendrai plus loin. Je me bornerai à dire, pour le moment, que chaque atelier envoyait le soir le résultat de son travail de la journée, que nous totalisions ces résultats, et que nous constations avec une inquiétude indéfinissable qu'ils ne suivaient pas une progression aussi rapidement ascendante que nous l'aurions désiré.

Une autre difficulté fut occasionnée par notre pénurie en aiguilles. Il avait été décidé en principe, pendant la paix, que chaque fusil serait pourvu de trois aiguilles de rechange, vu la délicatesse de cet organe qui se brisait assez souvent dans le tir ; cette décision, appliquée pendant la guerre, fit plus d'une fois notre désespoir, les manufactures d'armes ne pouvant fournir assez d'aiguilles pour y suffire.

Des commandes considérables avaient été faites à un industriel de Paris; cette ressource nous manqua, bien entendu, lorsque nos communications avec la capitale furent interrompues. Nous demandâmes alors des aiguilles aux usines de Beaucourt, dans le Doubs; mais ces usines, voisines de Belfort, ne purent bientôt plus communiquer librement avec nous. La Compagnie du chemin de fer du Midi avait mis à notre disposition avec le plus grand empressement ses beaux ateliers de Bordeaux, mais ces ateliers ne purent réussir à produire des aiguilles pour fusil Chassepot. Cette fabrication étant absolument en dehors de leurs habitudes, on n'y put parvenir à donner à l'acier le degré de trempe voulu. Pour donner aux hommes qu'on armait, non pas trois aiguilles de rechange, mais une seule, nous fûmes obligés d'enlever celles de vingt mille fusils des magasins de Toulouse, que nous ne pouvions distribuer aux troupes faute de cartouches. Enfin, nous trouvâmes au Tréport une fabrique d'éléments d'horlogerie qui nous fournit à peu près autant d'aiguilles que nous le désirions.

Jusque-là, la ville de Tours avait joui de la plus grande tranquillité, quoique la chaussée et la rue Royale fussent très mouvementées, par suite du passage continuel des troupes et des compagnies de francs-tireurs ; mais bientôt le désordre se mit de la partie. Un soir, comme nous sortions de dîner, nous vîmes la partie du boulevard qui s'étend de la gare à la rue Royale pleine d'hommes armés qui criaient, gesticulaient et tiraient des coups de fusil. Peu à peu cette fusillade, que nous ne pouvions nous expliquer, devint de plus en plus nourrie. Nous apprîmes alors que c'étaient les francs-tireurs de Paris qui, furieux contre le colonel Arronsohn, avaient quitté, en pleine révolte, la forêt de Fontainebleau où ils avaient été envoyés en éclaireurs, et avaient pris le chemin de fer pour venir apporter leurs réclamations au gouvernement. Arronsohn les avait suivis, et c'était devant l'hôtel de l'Univers, où il était logé, que se tiraient tous ces coups de fusil qui, je m'empresse de le dire, ne tuèrent ni ne blessèrent personne.

Nous allâmes rendre compte à l'amiral Fourichon de ce qui se passait, et il nous écoutait très tranquillement, lorsque trois officiers de francs-tireurs furent introduits dans son salon. L'un d'eux, portant les galons de chef de bataillon, n'était autre que le fameux Lipowski. Il prit la parole pour se plaindre, sur un ton assez véhément, des procédés maladroits employés par l'autorité militaire de la place dans le but de faire rentrer les francs-tireurs dans l'ordre, procédés qui n'avaient fait qu'augmenter le désordre.

L'amiral commença par s'emporter, disant qu'il allait faire arrêter et fusiller les perturbateurs, à quoi Lipowski lui répondit en souriant qu'il le débarrasserait d'un fameux fardeau. « Mais enfin, » reprit le ministre, évidemment embarrassé et se souciant peu de risquer un conflit entre son infanterie de marine et les francs-tireurs, « vos hommes ont-ils un chef à » qui ils obéiront ? » Le commandant Lipowski répondit crânement que les francs-tireurs le reconnaissaient pour leur chef et que, si l'amiral voulait lui donner toute liberté, il se chargeait de rétablir promptement l'ordre. En effet, il fit sonner le rappel par les clairons de son bataillon et, quelques instants après, les francs-tireurs de Paris étaient rangés en bataille sur le boulevard. Plusieurs officiers entrèrent chez le colonel Arronsohn et le forcèrent à donner sa démission. On fit mine de l'arrêter, et on parvint ainsi à le soustraire à la fureur de ses hommes. Lipowski fut proclamé à sa place lieutenant-colonel, et repartit pour

Fontainebleau avec ses francs-tireurs qui s'illustrèrent plus tard par la surprise d'Ablis et la défense de Châteaudun.

Un désordre plus grave, quoique moins bruyant, fut occasionné par l'arrivée de Garibaldi. Ce célèbre condottiere, appelé à Tours par les républicains les plus avancés, venait offrir son épée au gouvernement de la Défense nationale; il parut au balcon de l'archevêché avec Crémieux, qu'il embrassa fraternellement. Mais ceux qui l'avaient fait venir fondaient sur lui d'autres espérances. Indignés de ce qu'ils appelaient la lenteur et la mollesse de la délégation, ils ne voulaient rien moins qu'y substituer la dictature du héros italien et tentèrent de s'emparer de la personne de l'amiral ainsi que du général Lefort. En prévision de cette tentative, la garde de l'hôtel du corps d'armée fut fortement augmentée, et un bataillon d'infanterie de marine fut appelé à bivouaquer pendant la nuit dans la cour et le jardin de l'hôtel. Toutefois, on en fut quitte pour la peur. Garibaldi adroitement évincé sous le prétexte d'aller organiser une armée pour la défense des Vosges, les membres de la délégation purent respirer en paix.

A ce moment, je fus admis à m'asseoir pour deux ou trois séances dans la salle où siégeait le conseil du gouvernement. On y discutait la question de la subordination des généraux aux commissaires de la défense nationale, et celle de l'armement de la garde nationale. Cette dernière question seule me regardait et motivait ma convocation. Régulièrement le conseil n'aurait dû comprendre que les trois membres du gouvernement, c'est-à-dire MM. Fourichon, Glais-Bizoin et Crémieux, ainsi que les chefs des délégations ministérielles, savoir le général Lefort (guerre), MM. Cazot et Laurier (intérieur), de Chaudordy (affaires étrangères), de Boureuille (travaux publics), etc. Mais, à ces personnages officiels étaient venus s'adjoindre plusieurs hommes dont le mandat était imparfaitement déterminé. Quelques-uns d'entre eux venaient d'être désignés comme commissaires dans les départements, d'autres étaient de simples mouches du coche, et ce n'étaient pas eux qui, par leur bourdonnement, faisaient le moins de bruit pendant les séances.

Ces séances étaient vraiment fort curieuses à voir. Je ne voudrais pas jeter le ridicule sur des efforts dont le but était la délivrance du pays, car tous les gens qui se trouvaient là aspiraient réellement et sérieusement à ce but, et ce n'était pas leur faute si, obéissant à d'anciennes habitudes, ils consumaient un temps précieux en vaines déclamations, mais je ne puis résister au désir d'esquisser le tableau que j'eus sous les yeux.

La séance du conseil avait lieu dans un des grands salons de l'archevêché, autour d'une immense table ovale recouverte d'un tapis vert. M. Crémieux occupait comme président la place d'honneur ; en face de lui siégeait l'amiral Fourichon ; auprès d'eux se trouvaient les gros bonnets, c'est-à-dire MM. Glais-Bizoin, Laurier, Cazot, de Chaudordy, Lefort, etc. M. Crémieux, on peut le dire sans lui faire de tort, commençait à se ressentir des atteintes de la vieillesse et, malgré la haute intelligence dont il avait fait preuve dans sa carrière d'avocat, il avait, à l'époque dont je parle, légèrement besoin d'être guidé dans ses actions. Ce soin nécessaire avait été pris par deux femmes de sa plus proche parenté ; mais, pour lui inspirer des résolutions, il fallait savoir ce qui se passait et se disait dans le conseil. Or ces dames ne pouvaient y assister ; heureusement il est avec le ciel des accommodements, surtout dans un archevêché. On trouvait donc mille prétextes pour pénétrer dans la salle des séances : le soleil brillait d'un trop vif éclat, on venait fermer les rideaux, et cette opération s'exécutait posément et lentement ; un nuage obscurcissait le ciel, vite on venait ouvrir les rideaux avec la même lenteur ; la flamme du foyer était trop vive, on venait jeter de la cendre sur les bûches ; bientôt le feu languissait et semblait près de s'éteindre, on écartait la cendre et on jetait une nouvelle bûche. C'est ainsi qu'on trouvait le moyen d'assister, sans en avoir l'air, à presque toute la séance.

Pour moi, je m'amusai beaucoup de ce manège pendant qu'on discutait sur les généraux et les commissaires. Les paroles étaient vives et animées, et les différents interlocuteurs se montraient fort passionnés ; on décida enfin que les commissaires du gouvernement auraient, au-dessus des généraux, une autorité absolue. Cette décision fut prise par une majorité composée en grande partie de commissaires du gouvernement.

On passa ensuite à la garde nationale ; là, je pus admirer la faconde oratoire de plusieurs des membres de cet aréopage improvisé. La palme de l'éloquence, si l'on désigne par ce nom l'art de débiter beaucoup de paroles pour ne pas dire grand'chose, et d'envelopper des riens dans des phrases bien arrondies en prenant l'air de la conviction, appartenait sans conteste à maître Crémieux. J'avoue que, si nous eussions été dans une autre situation, j'aurais eu grand plaisir à l'entendre : son débit était chaleureux, et il semblait réellement ému lorsqu'il exaltait les services qu'avait rendus en tout temps et devait rendre encore la garde nationale, composée de citoyens libres. En résumé, le long discours de M. Crémieux concluait à la mise sur pied et à l'armement des gardes nationales, pour lesquelles on devait réserver tous les fusils disponibles. « Inexpérimentés, » certes ils l'étaient ; mais les jeunes soldats qui » affluaient dans les dépôts des régiments d'infanterie » avaient aussi peu d'expérience et n'étaient pas, » comme la milice citoyenne, animés par le feu de » l'enthousiasme. » Je crois vraiment qu'en s'exprimant ainsi, notre président avait les yeux mouillés de larmes.

Ce fut M. Laurier qui lui répondit. Celui-là n'avait

pas le sens altéré par l'exagération du sentiment. C'était, comme avocat, l'élève de Crémieux, et l'élève favori, disait-on ; mais son éloquence était bien différente de celle du maître. Je n'en eus pas moins de plaisir à l'entendre, tout en m'étonnant de la facilité avec laquelle l'un comme l'autre passaient leur temps à parler lorsqu'il aurait fallu agir.

Pendant que je me livrais à part moi à cette observation, le président me donna la parole. J'eus un instant de trouble, en songeant aux belles phrases que je venais d'entendre ; c'était, certes, la première fois que j'étais appelé à prononcer un discours devant une assemblée aussi imposante (je parle ici en bloc, car, vraiment, il y avait, parmi mes auditeurs, un certain nombre d'hommes peu faits pour m'imposer). Je fis comme le poltron qui se jette résolument au plus fort du danger, et qui devient brave en se battant. Il paraît que je ne m'en tirai pas trop mal, non seulement par les raisons que j'opposai aux partisans exclusifs de la garde nationale, mais par les paroles que m'inspira ma conviction et la chaleur avec laquelle je les prononçai. Je fis observer que nous avions quatre espèces de troupes : l'armée de ligne, la garde nationale mobile, la garde nationale mobilisée et les francs-tireurs ; qu'au lieu de disséminer ainsi nos forces, il importait de les concentrer, de limiter autant que possible, sinon de supprimer complètement les corps francs, et de réserver la garde nationale pour maintenir l'ordre à l'intérieur ;

qu'il fallait distribuer les fusils disponibles, d'abord aux troupes de ligne, ensuite aux gardes mobiles, et ne donner aux gardes nationales que les armes de différents modèles achetées à l'étranger, ou, à défaut de ces armes, les fusils à percussion conservés jusque-là en magasin. Je reconnus l'enthousiasme susceptible d'animer les citoyens armés pour la défense de leurs foyers, mais j'ajoutai qu'une troupe, quelle qu'elle fût, ne pouvait rendre de services sérieux que si elle était sérieusement encadrée. Peut-être se trouvait-il, dans les rangs de la garde nationale, un certain nombre d'anciens militaires susceptibles de faire d'assez bons officiers, mais, avec le système d'élection adopté pour la formation des cadres, il était loin d'être sûr que le choix tombât précisément sur ces hommes. Je ne dis pas, cependant, tout le mal que je pensais de la garde nationale, institution qui perdit plusieurs fois la France et qui la perdra encore si, par suite d'une série de mesures dont le résultat n'est que trop facile à prévoir, on en arrive, d'ici à quelques années, à *gardenationaliser* notre armée.

Quoi qu'il en soit, j'obtins gain de cause devant l'aréopage, en ce sens que nous continuâmes à opérer comme nous l'avions fait jusqu'alors, nous occupant avant tout de l'armement des troupes de ligne.

D'autre part, le général Lefort, ne voulant pas accepter la situation qu'on faisait aux généraux commandant les divisions territoriales, donna sa démission de délégué au ministère de la guerre. Il me fit appeler à cette occasion et me dit : « Je ne puis, » moi, officier général, sanctionner, par ma pré- » sence à la tête du ministère, un semblable état de » choses; il n'en est pas de même de vous, à qui » votre grade permet de subir les exigences de la » situation terrible dans laquelle nous nous trouvons. » Vous avez la confiance de ces gens-là; prenez » donc ma place, et je me confinerai dans la double » direction de l'infanterie et de la cavalerie, où je » serai, je vous le promets, le plus dévoué et le plus » obéissant de vos subordonnés. »

J'allais donc, simple lieutenant-colonel, me trouver investi d'une autorité supérieure, en même temps que chargé d'une grosse responsabilité. Les événements me dépossédèrent bientôt de l'une avant que j'en eusse assumé les devoirs, et de l'autre avant d'en avoir subi les inconvénients.

Un soi-disant comité de la guerre, sorti je ne sais d'où, dont je n'ai jamais bien au juste connu les membres, prit la direction des affaires; j'en fus informé par une note, m'enjoignant de délivrer des fusils modèle 1866 à tous les gardes mobiles qui étaient en présence de l'ennemi. Je protestai contre cette décision, en faisant observer qu'il était impossible de mettre des fusils entre les mains des troupes sans leur donner en même temps, outre le nombre voulu de cartouches, les accessoires et pièces de rechange nécessaires, et que tous ces objets manquaient encore, malgré toute l'activité apportée à leur fabrication. La décision resta donc à peu près à l'état platonique; mais elle fut publiée, pour assurer la popularité du comité de la guerre, et elle eut pour conséquence des demandes et des réclamations de tous genres.

Ces demandes affluaient non seulement à la direction de l'artillerie, mais encore à celle de l'infanterie, à la tête de laquelle venait d'être appelé un officier des plus distingués, M. le colonel de Loverdo, empêché par l'état déplorable de sa santé de suivre les opérations de l'armée active. Doué d'un esprit essentiellement original, frondeur et sceptique, mais d'une intelligence éclairée, M. de Loverdo, aujourd'hui général de division en retraite, fut pour moi un compagnon des plus aimables, en même temps qu'un puissant auxiliaire contre des exigences, parfois vexantes et presque toujours gênantes. Je le regrettai beaucoup lorsqu'il fut obligé, au mois de décembre, de quitter le ministère, ainsi que je l'expliquerai plus tard, et j'ai conservé de lui le meilleur souvenir. J'aurais voulu l'imiter dans le sang-froid avec lequel il accueillait les plaintes et les demandes que nous apportait le télégraphe, mais je ne pus jamais y parvenir.

II

GAMBETTA

Période de confusion. — Arrivée en ballon. — Les deux antichambres. — Je manque l'occasion d'être le bras droit d'un grand homme. — M. de Freycinet délégué à la guerre. — Organisation de la délégation. — Le général de Loverdo. — Le cabinet du ministre. — Capitulations de Strasbourg et de Metz. — Gambetta et le personnel des officiers d'artillerie. — Le général Crivisier. — Officiers évadés de Metz. — Le major protégé par M. Crémieux. — Décret général à la fin de la guerre.

A l'époque où j'en suis arrivé, l'histoire de la délégation est restée pendant quelques jours un peu obscure pour moi ; je ne l'ai guère connue que par les récits d'un fonctionnaire mieux placé que moi pour être au courant. Il y eut, paraît-il, des conciliabules secrets, dans lesquels il ne s'agissait rien moins que de s'emparer de la personne des principaux chefs militaires du ministère, pour leur substituer des personnages plus avancés en opinion politique, et disposés à recourir aux procédés révolutionnaires pour sauver le pays. Si cette parodie de 1793 ne put réussir, c'est que nous n'avions pas, en 1870, les hommes de 93 avec leur terrible énergie. Pour emprisonner l'amiral Fourichon et le général Lefort, il aurait fallu commencer par les arrêter, et nul ne voulut s'en charger; on avait bien décidé, paraît-il, que cette besogne serait confiée au général de brigade qui commandait alors la garnison de Tours; mais ce général se montrait fort peu disposé à obéir aux injonctions du comité de la guerre, et il fallut y renoncer. Du reste, je le répète, j'ai connu ces détails et d'autres, dont je ne parle pas ici faute de certitude, par les récits d'un personnage digne de toute confiance, mais je n'en ai pas été personnellement le témoin; c'est pourquoi je n'y insiste pas.

Pendant cette période courte et obscure, je restai en faveur auprès du simulacre de gouvernement qui siégeait à Tours, et j'en étais là lorsque, tout à coup, éclata cette nouvelle bien faite pour étonner et agiter tous les cœurs : Gambetta, sorti de Paris en ballon, vient de descendre dans le Nord pour se rendre à Tours.

D'après le fonctionnaire qui me mit au courant des événements, voici ce qui s'était passé. Un des membres du comité de la guerre, peut-être même le président de ce comité, voyant que tous les hommes dont il était entouré manquaient de l'énergie nécessaire pour assumer la responsabilité des procédés révolutionnaires, pensa que Gambetta, le plus populaire des membres du gouvernement provisoire de Paris, était seul capable de mener à bonne fin l'œuvre de la libération du territoire. Il alla trouver M. Steenackers, directeur général des postes et des télégraphes, et le pria d'expédier par pigeon une dépêche, exposant à l'illustre patriote la situation dans laquelle la mollesse des délégués plaçait la France, et le suppliant de venir lui-même mettre un terme à cet état de choses.

Quoi qu'il en soit, Gambetta, attendu avec impatience par tout le monde depuis la nouvelle de sa descente dans le département de la Somme, arriva un beau matin à Tours où il s'installa dans les appartements de la Préfecture. Une foule énorme remplissait les cours de l'hôtel et le salua des plus vives acclamations. Il parut aussitôt au balcon et enflamma tous les cœurs par une de ces chaudes allocutions dont il avait le secret.

Pendant ce temps, M. Laurier m'écrivait un billet pour me prier de me rendre à la préfecture, où il voulait me présenter à Gambetta. J'obtempérai immédiatement à cette invitation; j'arrivai à la préfecture, où un huissier m'installa dans l'antichambre pour attendre mon tour d'être reçu. Je passai là deux ou trois heures sans voir personne, et attendant assez impatiemment que l'on m'introduisît auprès du grand homme. Je commençais à trouver le temps plus que long, lorsque Laurier vint à traverser l'antichambre; il parut assez étonné et contrarié. « Êtes-vous là » depuis longtemps? me demanda-t-il. — Depuis » environ trois heures. — Qui vous y a amené? —

» Un huissier ou garçon de bureau. — L'imbécile !... » Bref, il paraît qu'il y avait deux antichambres correspondant à deux escaliers différents, et que la vraie était précisément celle où je n'étais pas. Gambetta avait donné audience à la cour et à la ville, pendant que je me morfondais dans une vaine attente. « Tout » cela est bien fâcheux, dit Laurier ; j'avais parlé de » vous à M. Gambetta, et il était vivement désireux de » causer avec vous. Je vais aller voir s'il est encore » au salon. » Mais Laurier revint, quelques instants après, me dire que Gambetta était rentré dans sa chambre, et qu'il n'y avait plus moyen de lui parler.

Par le fait, ce contretemps, si c'en fut un, me tira d'un grand embarras. D'après ce que me dit M. Laurier, il avait été question de me déléguer au ministère de la guerre, sous les ordres supérieurs de Gambetta, à la fois ministre de l'intérieur et de la guerre ; en un mot, de me donner la place qui fut occupée avec tant d'autorité par M. de Freycinet, et pour laquelle je reconnais que je n'étais pas fait. Peut-être fallait-il, en cette circonstance, des hommes qui ne fussent pas habitués à la régularité du service, disposés, au contraire, à s'affranchir de toute règle. Ces hommes ne pouvaient rien par eux-mêmes, mais avec des auxiliaires rompus à la pratique de l'administration, capables de traduire en faits positifs des intentions ou des volontés exprimées en termes généraux sans nul souci des difficultés à vaincre, leur initiative pouvait amener de bons résultats.

Ici, je l'avoue, je vais me trouver quelque peu embarrassé ; j'aurai beaucoup à parler des deux hommes dont le nom est lié le plus intimement au grand œuvre de la défense nationale : l'un, Gambetta, est mort ; il appartient à l'histoire et je peux m'exprimer sur son compte en toute liberté. L'autre, M. de Freycinet, occupe aujourd'hui la première place à la tête de l'armée [1] ; je ne pourrai ni dire de lui tout le bien que j'en pense, je craindrais de passer pour un flatteur, ni critiquer ses actes, je semblerais céder à un mouvement de jalousie, ou me souvenir d'incidents que j'ai oubliés depuis longtemps. J'espère, malgré tout, me tenir dans une juste mesure.

Gambetta sera, devant la postérité, comme il l'a été déjà devant ses contemporains, responsable des efforts faits par la France pour chasser de son sein les armées qui l'avaient envahie. Les uns lui reprocheront peut-être de s'être nourri d'illusions, et d'avoir épuisé le sang et les trésors de sa patrie dans des luttes qui ne pouvaient aboutir qu'à une catastrophe ; les autres lui accorderont toute leur reconnaissance pour avoir tout au moins sauvé l'honneur du nom français et imposé le respect à l'ennemi qui croyait nous avoir écrasés pour toujours.

M. de Freycinet a bien grandi depuis lors. Il ne figurera qu'au second rang dans le récit des événements de 1870-1871, mais il aura eu l'honneur d'être le confi-

1. M. de Freycinet était ministre de la guerre au moment où ces lignes ont été écrites.

dent et le traducteur de la pensée de Gambetta, d'avoir concentré le travail des collaborateurs dévoués qui se chargeaient de régler et d'exécuter les détails sous sa direction inexpérimentée, mais éclairée des rayons d'une vive intelligence. Les auxiliaires de ces deux hommes demeureront inconnus, n'ayant emporté ou ne devant emporter dans la tombe que la conscience d'avoir rempli leur devoir, en poussant le dévouement jusqu'à ses dernières limites, et en opposant à des difficultés sans cesse croissantes toutes les ressources que leur dictait l'expérience. C'est à ces collaborateurs inconnus du pays et de l'histoire que je voudrais faire rendre justice, sans diminuer en rien la gloire et l'honneur qui reviennent légitimement aux propulseurs de leurs efforts.

M. de Freycinet ne paraît pas avoir été choisi tout d'abord pour le rôle qu'il remplit si bien plus tard. Je ne parle même pas de moi qui n'avais sans doute été destiné à ce rôle que dans la pensée de quelques-uns des hommes de la délégation primitive, et qui n'avais aucune raison pour inspirer confiance à Gambetta lorsqu'il descendit de son ballon; mais nous savions tous qu'un autre personnage, bien connu dans la presse, avait été désigné pour diriger l'administration de la guerre, dès le lendemain de l'arrivée du grand patriote. Comment M. de Freycinet lui fut-il presque aussitôt substitué? c'est ce que je ne saurais dire. On prétendait que, faisant partie à Paris du même cercle que M. Gambetta, il l'avait connu avant la guerre et l'avait charmé par son esprit délié ; en tout cas, il avait été nommé préfet de Montauban dès le lendemain du 4 Septembre, n'avait pas réussi dans son département d'origine, avait donné sa démission et était venu à Tours où l'entouraient plusieurs de ses anciens camarades de l'École polytechnique, admirateurs convaincus, non seulement de son intelligence, ce qui était tout naturel, mais encore de ses aptitudes militaires, ce qui pouvait paraître plus étonnant. Un d'entre eux me disait sans rire : « Freycinet est étonnant comme stratégiste ; » nous étions, pendant la guerre de la sécession abonnés au *Journal des Débats* dans lequel paraissaient » des lettres remarquables sur les opérations des » armées belligérantes et surtout des armées du » Sud. Nous suivions avec une profonde attention » les récits exposés dans ces lettres et nous marquions sur la carte avec des épingles la position » exacte des divers corps d'armée ; M. de Freycinet » nous expliquait à merveille la combinaison des » mouvements et des péripéties des combats, il nous » prédisait les conséquences qui devaient s'en suivre » et, lorsque arrivait une nouvelle lettre, nous pouvions constater que ces prévisions s'étaient toujours » réalisées. » — Heureusement pour M. de Freycinet, il s'est acquis des titres plus sérieux à l'admiration publique.

Quoi qu'il en soit, pendant que nous faisions nos adieux au général Lefort, qui avait demandé à quitter la délégation pour prendre un commandement et était en réalité très souffrant, alors que nous nous attendions à voir arriver à sa place M. Détroyat, nous fûmes tous appelés dans le bureau du général où nous trouvâmes M. de Freycinet. Il nous annonça sa nomination comme délégué au ministère de la guerre, se montra fort aimable et nous dit qu'il ne serait qu'un simple intermédiaire entre nous et le ministre, pour lui transmettre nos propositions et nous donner connaissance de ses décisions.

Le lendemain, nous fûmes réunis en une sorte de conférence que présidait Gambetta et à laquelle assistait M. de Freycinet. Chacun de nous exposa la situation particulière du service dont il était chargé et répondit aux questions qui lui étaient adressées à ce sujet. A la suite de cette conférence, qui eut lieu, je crois, le 10 octobre ou deux jours plus tard, le général Lefort, qui avait demandé à reprendre ses fonctions, quitta définitivement le ministère où sa présence aurait gêné les nouveaux chefs de l'administration. Il fut envoyé à Bayonne pour y commander la division et rétablir sa santé délabrée ; le colonel de Loverdo prit sa place. M. d'Audemard, sous-intendant militaire chargé des services administratifs, reçut également une autre destination ; il fut remplacé par un M. Férot, ancien chef du mouvement général à la direction des chemins de fer de l'Ouest, qui eut sous ses ordres un personnel nombreux réparti entre cinq sous-directions.

Je fus pour ma part débarrassé de la tutelle bienveillante, mais parfois gênante de M. le général Véronique qui, jusque-là, avait dirigé au moins nominalement le service de l'artillerie, en même temps que celui du génie. Je ne dis pas cela pour me plaindre de lui, mais, s'il ne s'opposa à aucune des mesures que je proposai, il m'empêcha certainement d'en exécuter un grand nombre, en nuisant à mon initiative et en me forçant à lui donner des explications qui me faisaient perdre mon temps sans aucune utilité; en un mot, c'était un rouage ralentissant le mouvement d'une machine qui avait besoin de fonctionner rapidement.

Je n'entrerai pas dans de plus longs détails sur l'organisation donnée à la délégation par Gambetta et M. de Freycinet; ce dernier a consigné tous ces détails dans son très intéressant livre de la *Guerre en province*. D'ailleurs, confiné dans mon service spécial, j'eus peu de rapports avec le cabinet du ministre, dont le personnel me parut singulièrement nombreux, de même qu'avec les services annexés à ce cabinet dont plusieurs, tels que celui des cartes et celui des reconnaissances, se montrèrent aussi utiles que dévoués. Le comité d'étude des moyens de défense, présidé par le lieutenant-colonel Deshorties, fut en relations plus suivies avec nous, mais je ne crois pas qu'il en fût sorti grand'chose. Je parlerai plus tard d'un système d'obus incendiaires, patronné sinon inventé par ce comité et qui me donna d'assez grands ennuis.

Je lis dans le livre de M. de Freycinet que le cabinet était chargé du contrôle des autres services. Heureusement nous nous aperçûmes peu de ce contrôle qui nous eût paru fort bizarre, vu le défaut de compétence du personnel qui le composait. Il est probable qu'on s'y borna à rédiger la correspondance la plus générale, et partant la plus vague. Toutes mes relations de service eurent lieu avec le délégué lui-même, soit verbalement, soit par des notes écrites de sa main auxquelles je répondais de même. Je m'empresse, à ce propos, de rendre justice à la bienveillance et à la courtoisie avec lesquelles je fus toujours traité par M. de Freycinet, et j'avoue bien franchement que si l'un de nous deux eut à se plaindre de l'autre au point de vue personnel, ce ne fut certes pas moi qui, fortement agacé par les difficultés de ma position, me montrai plus d'une fois irritable à l'excès. A cette irritabilité un peu nerveuse, M. de Freycinet, qui reconnaissait hautement les services rendus par la direction de l'artillerie, opposait un calme flegmatique et, quels que fussent ses sentiments intérieurs, il ne paraissait nullement m'en vouloir. Il rédigeait avec le même calme les dépêches inspirées par les événements les plus fâcheux; ces dépêches étaient toujours claires et nettes, écrites facilement et sans la moindre rature. Je le voyais plusieurs fois chaque jour, car les événements se succédaient avec rapidité, et, pour y parer, il fallait incessamment prendre de nouvelles mesures.

Je voyais beaucoup plus rarement au début Gambetta, dont à peu près tout le temps était employé à recevoir les nombreux visiteurs qui affluaient de toutes les parties de la France. Quelquefois cependant il venait chez M. de Freycinet, et il était rare alors que celui-ci ne me fît pas appeler pour expliquer au ministre l'affaire dont il s'agissait; mais cela m'arriva beaucoup plus souvent à Bordeaux qu'à Tours.

Lorsque la délégation avait reçu, lors de l'arrivée de Gambetta et de la nomination de M. de Freycinet, une augmentation de personnel considérable, l'hôtel du maréchal avait été réservé au cabinet du délégué et aux services accessoires. On loua plusieurs maisons dans les environs pour y installer les différentes directions. J'eus une de ces maisons pour les bureaux de la mienne ; nous y fûmes commodément et assez largement installés; nous nous trouvions à une petite distance de l'hôtel occupé par M. de Freycinet et tout près du général de Loverdo, à qui nous avions souvent affaire. Quant à mon logement particulier, j'avais trouvé rue Royale, presque à l'angle de la rue où était situé l'hôtel du maréchal, un salon et une chambre. C'était peu pour ma femme, mon fils et moi, et cela coûtait fort cher. Étant toujours absent, je ne jouissais guère du balcon donnant sur la rue Royale, si ce n'est lorsque de grand matin des troupes, arrivant ou partant, défilaient dans la rue.

Nous étions, le général de Loverdo et moi, tenus fort en dehors des nouvelles reçues par le gouvernement et des résolutions prises. Le général de Loverdo avait pour son compte instamment demandé qu'il en fût ainsi, ne voulant accepter aucune responsabilité dans la direction des opérations militaires. Il se bornait à organiser des bataillons et à les tenir à la disposition de la délégation, qui les employait comme elle l'entendait. On a beaucoup critiqué les opérations et la manière dont elles étaient réglées. Pour moi, je ne m'en occupai jamais, ne pouvant m'empêcher de sourire lorsque j'entendais pérorer sur ces graves et difficiles questions deux élèves ingénieurs des ponts et chaussées, attachés à la personne de M. de Freycinet et remplissant auprès de lui les fonctions d'officiers d'ordonnance. Il y avait certes un peu de présomption de leur part à opposer leurs vues stratégiques à celles de M. de Moltke et du grand état-major allemand ; mais en ce temps-là l'essentiel était d'oser, et tout ce monde-là osait. Nous étions, nous autres officiers, les exécuteurs de leurs volontés ou, pour vrai dire, des volontés de leur chef. Pour ma part, je m'y habituai si bien qu'à la fin je ne m'étonnais plus d'entendre un de ces jeunes gens dire avec le plus grand sérieux : « Nous ne sommes pas » contents de Bourbaki, nous avons confiance en » Chanzy, etc. »

Un jour, je me trouvais dans le bureau du général de Loverdo lorsque tout à coup entra l'illustre Pipe-en-Bois, attaché pour le moment au cabinet de Gambetta. Il était porteur d'une dépêche, par laquelle un officier, commandant un détachement attaqué par l'ennemi, réclamait instamment du secours, et il insista auprès du général pour lui faire ordonner l'envoi du renfort demandé. Loverdo répondit que cela ne le regardait pas, puisqu'il ne se mêlait en aucune façon des mouvements militaires, et que d'ailleurs il était trop tard; le renfort n'arriverait pas à temps pour secourir le détachement attaqué. Pipe-en-Bois, s'élançant alors vers la carte et mesurant les distances avec ses doigts étendus en forme de compas, insista de nouveau pour l'envoi des troupes et finalement c'est lui que le général Loverdo envoya promener, en le priant de s'adresser au délégué.

J'ai dit qu'on nous tenait fort à l'écart et en dehors des nouvelles des événements les plus importants, qu'on avait la prétention de tenir secrets pendant un laps de temps assez long. Voici, par exemple, comment nous sûmes la prise de Strasbourg. Les dépêches nous étaient communiquées par des reproductions sur papier à décalquer et on ne donnait ainsi à chaque direction que ce qui l'intéressait en particulier. Un jour, je trouvai dans les dépêches qui m'étaient remises une feuille barbouillée; je l'appliquai contre un des carreaux de ma fenêtre et je pus lire ainsi une seconde dépêche, très légèrement tracée sur la même feuille. J'y trouvai tout au long le détail sommaire de la capitulation de Strasbourg, qui ne fut rendue publique que deux jours après. J'appris également la capitulation de Metz avant que le gouvernement n'en eût laissé transpirer la nouvelle. C'est l'ambassadeur d'Angleterre, lord Lyons qui, entrant chez l'amiral Fourichon, au moment où j'en sortais, me fit part de ce cruel événement. J'ignore d'où vient cette manie qu'ont la plupart des gouvernements de garder secrètes le plus longtemps possible les mauvaises nouvelles et quel profit ils peuvent en tirer. On conçoit très bien qu'au moment d'une bataille, on ne veuille pas s'exposer à décourager les troupes en leur apprenant la mort d'un général, la prise d'une ville, la défaite d'un corps d'armée; mais, à Tours, qu'importait de savoir deux jours plus tôt ou plus tard la chute de Strasbourg ?...

J'ai dit que je voyais rarement Gambetta. J'avais, il est vrai, assez souvent affaire à lui pour des questions de personnes; mais dans ce cas il m'envoyait, pour me faire part de ses volontés ou de ses désirs, son fidèle et dévoué Spuller qui, dans cette fournaise où il nous fallait travailler, représentait le calme et la modération.

Parmi les visiteurs qui, après avoir plus ou moins longtemps attendu leur tour d'audience sur les banquettes de l'antichambre, étaient admis auprès du dictateur (je me sers de cette expression, quoique rien ne ressemblât moins à une dictature que le gouvernement de Gambetta), tous ne venaient pas pour traiter des affaires générales ou même des questions locales intéressant leurs départements respectifs, demander des armes, proposer des plans de campagne, se plaindre des autorités militaires. Un grand nombre venaient solliciter des grades pour eux et leurs amis, ou de l'avancement pour certains officiers qu'ils honoraient de leur protection. Quelquefois, Gambetta les évinçait, mais quelquefois aussi il les écoutait avec faveur et, lorsqu'il s'agissait d'officiers d'artillerie, m'envoyait par note l'invitation ou plutôt l'injonction d'avoir à enregistrer des nominations, rarement justifiées par des raisons militaires. Ces nominations, qui, j'ai hâte de le dire, furent très peu nombreuses, avaient le don de m'exaspérer et semblaient encore plus pénibles au commandant Pourrat, habitué aux traditions d'un avancement régulier. Je résolus de faire tout mon possible pour y couper court et, grâce à l'appui de M. Spuller, j'en trouvai bientôt l'occasion.

Le rédacteur en chef d'un des rares journaux républicains qui avaient, en province, résisté aux mesures oppressives du gouvernement de l'Empire, avait écrit à Gambetta pour lui recommander un chef d'escadron d'artillerie, habitant la même ville que lui et y occupant un poste aussi paisible qu'obscur. Cet officier supérieur avait été, s'il fallait en croire le journaliste en question, victime de ses opinions politiques et persécuté pendant tout le règne de Napoléon III, pour n'avoir pas voté pour l'Empire après le coup d'État du 2 décembre 1851 ; on lui devait une juste réparation en le nommant lieutenant-colonel ; c'est ce que M. Spuller vint de la part de Gambetta m'inviter à faire immédiatement. Je connaissais à fond l'histoire de cette prétendue victime de la politique. Il avait été en effet renvoyé de Paris pour son vote après le coup d'État, mais depuis lors il avait été l'objet de plusieurs faveurs dues aux démarches d'un de ses amis, aide de camp de l'Empereur, des plus influents, et devenu puissant fonctionnaire de l'administration centrale du ministère. Voici même ce qui s'était passé quelques mois à peine avant la guerre. Le chef d'escadron dont il s'agit avait été appelé, sur la demande de son ami, à une sinécure très agréable dans les environs de Paris, mais, peu de jours après sa nomination, il avait écrit au général C... pour le supplier de le faire renvoyer à son ancien poste, parce que sa femme ne voulait absolument pas quitter son pays natal. En conséquence, la nomination dont il venait d'être l'objet fut rapportée et le protecteur du commandant demanda pour lui, comme compensation au regret qu'il éprouvait de ne pas pouvoir venir à Paris, la croix d'officier de la Légion d'honneur qui lui fut en effet décernée. J'expliquai tout cela à M. Spuller ; je lui fis confirmer mon récit par le témoignage du commandant Pourrat, avec lequel je n'avais évidemment pas pu me concerter et qui répéta presque mot pour mot ce que je venais de dire. M. Spüller retourna chez Gambetta et revint me dire de regarder comme non avenue la communication qu'il m'avait transmise en premier lieu, ajoutant : « M. Gambetta vous promet qu'il ne

» vous tourmentera plus pour les nominations. »

Je demeurai donc à peu près maître de l'avancement, sous la condition, bien entendu, de donner autant que possible suite aux propositions des commandants d'armée. M. de Freycinet, dans son livre de la *Guerre en province*, défend assez victorieusement la délégation contre le reproche d'avoir prodigué les avancements trop rapides ; j'ai la conscience, en ce qui concerne l'artillerie, d'avoir empêché plusieurs de ces avancements, en résistant à des entraînements regrettables. J'ajouterai que ces entraînements ne provinrent jamais du ministre ou de son délégué.

Il faut distinguer d'ailleurs les avancements donnés à titre régulier dans l'armée des nominations faites à titre provisoire ou à celui de l'armée auxiliaire. Ces derniers donnèrent lieu à des incidents assez curieux. Un ancien lieutenant de vaisseau était venu, porteur d'une note de M. de Freycinet par laquelle j'étais invité à le nommer capitaine d'artillerie à titre auxiliaire. On rédigea et je signai une lettre de service établie dans ces conditions et, comme on ne connaissait pas l'adresse du nouveau capitaine, on garda cette lettre pour la lui remettre quand il viendrait la chercher. Au bout de quinze jours, ne le voyant pas venir, je fis demander son adresse au cabinet du ministre, d'où il me fut répondu que, depuis l'envoi de la première note, le titulaire avait été nommé général de brigade au titre auxiliaire.

Une autre fois, je vis venir un ancien capitaine d'artillerie démissionnaire, que j'avais connu lieutenant et qui, depuis sa démission, dirigeait dans le département de la Moselle une grande verrerie. Il avait quitté ce pays lors de l'invasion allemande, et était venu à Tours se mettre à la disposition du gouvernement de la Défense nationale. Je lui offris de le nommer au commandement d'une batterie ; il parut accepter avec reconnaissance, mais, le soir même, il revint me raconter que Gambetta lui avait proposé de se mettre, avec le grade de général de division auxiliaire, à la tête des Alsaciens et Lorrains réfugiés à Lyon, pour entrer en Lorraine et y soulever les populations. Il me demanda mon avis ; je lui dis qu'à sa place j'accepterais modestement le commandement d'une batterie, et qu'il avait grande chance, en prenant ce parti, d'être promptement nommé au grade de chef d'escadron, grade qu'il conserverait une fois la paix signée, tandis qu'en se faisant nommer général de division, pour tenter une chance bien aléatoire, il était à peu près certain de ne plus rien être après la guerre. Les grandeurs le séduisirent, il préféra les étoiles de divisionnaire. C'était le général Crivisier. Il nous quitta fier et joyeux, mais ne tarda pas à revenir l'oreille basse. Le général Bressoles, qui commandait à Lyon, et le général Cremer, récemment nommé au commandement en second des troupes destinées à Crivisier, se liguèrent contre ce dernier, qui courut à Tours faire valoir ses droits auprès de Gambetta. Le général Bressoles le déclara déserteur devant l'ennemi, comme ayant abandonné sa troupe, alors près de Nuits où elle tint honorablement tête aux Allemands. Crivisier n'obtint qu'une chose, c'est de rester auprès du gouvernement avec le titre et les appointements de général de division. Ainsi que je l'ai dit, il retomba dans le néant après la guerre.

Un autre capitaine fut mieux avisé que M. Crivisier. Il avait à choisir entre le poste de chef d'état-major du corps d'armée commandé par un de ses amis, avec le grade de chef d'escadron, et le commandement d'une batterie. Après quelque peu d'hésitation, il écouta mon conseil, prit la batterie; il est aujourd'hui et depuis près de trois ans déjà général de division et un des plus jeunes de l'armée.

Un assez grand nombre d'officiers échappés de Metz, de Sedan ou des forteresses d'Allemagne, vinrent nous trouver pour être replacés dans l'armée. Quelques-uns des plus anciens dans leur grade le furent avec avancement, d'autres n'obtinrent cette faveur qu'au titre provisoire et reprirent pour la plupart leurs anciens grades à la fin de la guerre. Certains réclamèrent alors contre une décision qui les faisait descendre après les avoir élevés et semblait avoir cette signification qu'ils ne s'étaient pas suffisamment bien comportés. L'un de ces officiers, qui s'était évadé d'une forteresse allemande dans laquelle il avait été enfermé, n'ayant pas voulu être prisonnier sur parole, protesta avec vivacité et parla de donner sa démission. Je lui répondis par une lettre affectueuse, l'invitant à ne pas regarder comme offensante pour lui une décision générale, fondée sur l'exubérance des cadres; je l'assurai qu'il serait certainement tenu compte plus tard de l'énergie dont il avait fait preuve et des services qu'il avait rendus. Il ne donna pas suite à ses projets et est devenu un de nos divisionnaires les plus distingués.

Le fait d'avoir les coudées franches pour les promotions n'était pas tout bénéfice et m'exposait à subir une foule de sollicitations contre lesquelles j'usais mon temps et mon énergie, mais plus on y mettait d'insistance, plus je m'obstinais dans mes refus. Un chef d'escadron, bon officier d'ailleurs, mais occupant le dernier numéro sur la liste d'ancienneté de son grade et resté comme major au dépôt de son régiment, avait su conquérir les bonnes grâces du commissaire du gouvernement résidant dans sa ville de garnison. Ce commissaire, gendre de M. Crémieux, ne cessait de demander pour son protégé le grade de lieutenant-colonel. Fort de l'assentiment de Gambetta, j'opposais à ces demandes continuelles une fin de non-recevoir absolue. Mais, lorsque nous étions à Bordeaux et peu avant l'armistice qui suspendit les hostilités, l'entourage de M. Crémieux, chargé de l'intérim du ministère pendant une tournée de Gambetta, voulut profiter de la circonstance. Je reçus l'ordre formel de préparer, pour être signé

8

par le ministre intérimaire, le décret portant nomination de M. le chef d'escadron T... au grade de lieutenant-colonel. Je refusai, disant que cette nomination avait été repoussée par M. Gambetta. On insista; j'allai trouver M. Crémieux pour lui exposer qu'il m'était impossible de céder aux exigences qu'on voulait, en son nom, me faire subir. « Cette nomination, » me dit-il, est demandée par mon gendre qui nous » répond de la tranquillité de trois départements. — » Et moi, lui répliquai-je, je vous réponds du dévoue- » ment de toute l'artillerie. » Là-dessus, Crémieux me laissa partir, mais à peine étais-je de retour à mon bureau qu'on m'apporta un nouveau billet. Cette fois j'opposai à tant d'importunité la force d'inertie, et bien heureusement la rentrée de Gambetta à Bordeaux vint le lendemain matin me tirer d'embarras. Je lui rendis compte de ce qui s'était passé et lui remis les notes de M. Crémieux; il les déchira en me disant : « Vous avez bien fait de ne pas céder » à cette vieille b... » — je n'achève pas, par respect pour la mémoire de l'un des maîtres de l'éloquence française.

Ceci se passait à Bordeaux, vers la fin du mois de janvier. A la même époque, je fis une découverte qui ne laissa pas de me causer une certaine inquiétude. La plupart des nominations faites depuis la prise de possession du pouvoir par Gambetta n'étaient constatées par aucune pièce officielle, si ce n'est par la lettre d'avis signée de moi et envoyée au titulaire.

On établissait les lettres au bureau du personnel de l'artillerie, lorsqu'une promotion m'était ordonnée ou accordée, et cela presque toujours verbalement. Le commandant Pourrat, devenu lieutenant-colonel, voyant avec peine toutes ces nominations, faites par une autorité irrégulière, ne demandait pas mieux, je crois, que de les entacher elles-mêmes d'irrégularité; mais si les choses en étaient restées là, nous serions tombés en rentrant à Paris dans un dédale inextricable de difficultés. Pour nous tirer d'affaire et assurer aux officiers promus pendant la guerre le grade qui leur avait été conféré, je fis rédiger un projet de décret récapitulant toutes les nominations, avec indication précise de leurs dates, et je fis signer ce décret par les membres du gouvernement.

III

COULMIERS

Les francs-tireurs. — Le général d'Aurelles de Paladines. — Le général Chanzy et le 16e corps. — Nouvelles de la capitulation de Metz. — Proclamation de Gambetta sur la trahison des chefs de l'armée. — Tentative pour m'évincer de la direction de l'artillerie. — Entretien avec Gambetta. — Visite du général Bourbaki à Tours. — Les batteries départementales. — Les arsenaux menacés. — M. de Serres. — Préparatifs de la bataille de Coulmiers. — Le train de munitions. — Nouvelles de la bataille. — Victoire et déception.

L'affaire des promotions ne fut pas la seule préoccupation du bureau du personnel et de moi-même ; l'organisation des batteries à envoyer aux armées nous causa des soucis bien autrement graves. Mais avant d'exposer nos efforts et leurs résultats, il convient de dire quelques mots de la marche générale des affaires, au moins pour ce qui concerne notre mission particulière.

Gambetta, en arrivant à Tours, avait apporté ma nomination au grade de colonel, signée par le président du gouvernement provisoire de Paris. Le colonel de Loverdo avait été nommé général ; un de ses amis, M. de Bastard, brillant officier d'état-major, grièvement blessé à Sedan où il accompagnait le maréchal de Mac-Mahon, était venu lui apporter son concours. M. de Bastard, depuis lors membre de l'Assemblée nationale de 1871, était d'ailleurs un aimable causeur plutôt qu'un travailleur. Le lieutenant-colonel D..., qu'on avait adjoint au général de Loverdo, était, au contraire, un personnage peu sympathique, qu'on laissa de côté en le confinant dans d'autres fonctions. J'avais affaire plusieurs fois par jour à ces messieurs. Quant à mes collaborateurs, le capitaine Mathieu avait été nommé chef d'escadron et le commandant Pourrat, promu au grade de lieutenant-colonel, avait reçu pour auxiliaire un charmant officier, le chef d'escadron Chéronnet.

Nos séances de bureau duraient de six heures du matin à sept heures du soir, avec une heure d'interruption pour le déjeuner, suivi d'une courte promenade dans la rue Royale qui présentait la plus vive animation. Sur les boulevards, près de la gare, stationnaient, avant de s'embarquer, des régiments de marche, des bataillons de mobiles; des escadrons de cavalerie y campaient avec leurs chevaux à la corde. Nous remarquâmes qu'on faisait venir les troupes à la gare longtemps avant l'heure fixée pour leur embarquement; la cour regorgeait d'hommes qu'on y parquait en fermant les grilles et qui chantaient à tue-tête. Les abords étaient encombrés d'hommes isolés dont quelques-uns, lorsque venait la nuit, ne craignaient pas de mendier, en prétendant qu'on ne leur donnait pas à manger. Sous ce rapport, les gardes mobiles qui se connaissaient tous entre eux, étant du même pays, se tenaient infiniment mieux, mais dans quelques régiments de marche, formés à la hâte, le désordre dépassa toute limite. C'était un spectacle navrant.

La vue des compagnies de francs-tireurs, qui défilaient dans la rue Royale et sur les boulevards, aurait été vraiment amusante si nous n'avions pas été dans des circonstances aussi tristes. On ne saurait imaginer une pareille variété de costumes, ailleurs que dans un cortège de carnaval. Parmi les chefs de ces compagnies, il y avait de singuliers personnages : l'un d'eux, sculpteur des plus distingués, déployait un zèle extrême à organiser un corps franc, puis, quand ce corps était prêt à joindre l'armée, il déclarait ne pas le trouver assez bien et se mettait à en former un autre. Il trouvait ainsi moyen de partager son temps entre Tours et Besançon. Un autre, ancien capitaine de l'armée, avait été nommé chef de bataillon, commandant les chasseurs à pied de la garde nationale mobile, corps avec lequel il devait opérer sur les communications de l'armée ennemie, tant pour l'inquiéter que pour l'espionner, mais qui n'exista jamais. Le personnage avait carte blanche : on lui fournissait des outils portés par des voitures du train et on lui allouait des fonds pour ses dépenses d'espionnage. Il ne bougea pas de Tours où il mena joyeuse vie, prenant ses repas dans l'hôtel où nous avions pris pension et ayant toujours avec lui quelque jolie femme. On lui intima plusieurs fois l'ordre de partir, on lui reprocha sa conduite. Il répondit que, comptant organiser avec des femmes son système d'espionnage, il les dressait à ce métier. Sans doute il avait des appuis dans l'entourage du gouvernement, car on finit par le laisser tranquille.

Presque tous les commandants de francs-tireurs venaient me trouver pour avoir des armes. Je fis ainsi connaissance avec plusieurs personnages assez originaux, entre autres avec Bonbonnel, le fameux tueur de panthères, et le commandant des francs-tireurs de la Plata, beau garçon vêtu de la façon la plus théâtrale : chapeau gris à la Louis XIII avec longue plume rouge retombant en arrière, vaste manteau gris doublé de rouge, drapé à l'espagnole sur l'épaule gauche, bottes à revers et grand sabre à poignée d'acier.

Ces messieurs étaient rarement contents du fusil qu'on leur offrait. Un d'eux, regardant avec dédain un superbe snider, me demanda quelle en était la portée : « Huit à neuf cents mètres, lui répondis-je. » — Autant m'envoyer tout de suite à la boucherie, » me répliqua-t-il, puisque le fusil ne porte pas si » loin que le fusil prussien. — Eh bien, engagez-» vous avec vos francs-tireurs dans un régiment » d'infanterie et vous aurez des chassepots ! » Cette proposition ne parut pas lui sourire et je crois bien me rappeler qu'il finit par accepter les sniders.

Tous les francs-tireurs n'étaient pas aussi accommodants : un bataillon de la Seine, à qui on avait distribué des sniders, alla toucher des cartouches au magasin installé dans le lycée. Le garde d'artillerie, fatigué, ahuri par les mouvements incessants qui avaient lieu dans le magasin et par les demandes variées qu'on lui adressait, se trompa et donna des cartouches pour fusil américain d'un modèle analogue au snider, mais de dimensions différentes. Les francs-tireurs, voyant que les cartouches n'entraient pas dans les fusils, crièrent à la trahison et plusieurs arrivèrent en fureur dans mon bureau. On les arrêta et les plus mutins furent envoyés dans un régiment d'infanterie.

Le général d'Aurelles de Paladines avait été nommé au commandement du 15e corps d'armée en remplacement du général de la Motte-Rouge. Ce corps s'était concentré à Salbris, où on lui envoyait tout ce qui était nécessaire pour le mettre en état de tenir la campagne. En même temps, se formait à Blois le 16e corps, dont on s'efforçait de hâter l'organisation pour qu'il pût concourir à l'exécution du plan projeté. Ce corps d'armée était alors commandé par le général Pourcet, qui nous accablait de réclamations. Chaque fois qu'on lui demandait s'il était en état de marcher, il répondait par l'énumération des objets qui lui manquaient encore.

On lui envoya tout ce qu'il réclamait ; il fit observer alors que ses régiments possédaient seulement une aiguille de rechange par homme, et qu'il ne pourrait marcher si cette proportion n'était portée à trois. Je fus appelé au cabinet de M. de Freycinet où je trouvai Gambetta. Le délégué me communiqua la dépêche Pourcet et tous les deux m'invitèrent à lui donner satisfaction. Je répondis que cela m'était de toute impossibilité, que celui qui ne voulait pas marcher avec une seule aiguille de rechange ne marcherait pas davantage avec trois, parce qu'il n'avait pas confiance en ses troupes. Là-dessus Gambetta dit à M. de Freycinet :

« Écrivez au général Pourcet, qui est malade, de » remettre le commandement du 16ᵉ corps au général » Chanzy. »

Voilà, je puis le certifier, comment le meilleur général de la Défense nationale fut appelé au poste où il devait se couvrir de gloire. Quant à moi, j'eus bientôt avec le prétendu dictateur des relations plus sérieuses.

J'ai mentionné plus haut la circonstance dans laquelle j'eus connaissance de la capitulation de Metz. La communication de cette nouvelle à l'armée et à la nation fut accompagnée d'une proclamation violente, signée par MM. Gambetta, Crémieux et Glais-Bizoin, mais à laquelle l'amiral Fourichon refusa obstinément sa signature. Cette proclamation fut affichée dans toute la ville de Tours et ardemment lue et commentée par la population. On y lisait, entre autres, cette phrase qui eut un grand retentissement :

« L'armée de la France, dépouillée de son caractère
» national, devenue sans le savoir un instrument de
» règne et de servitude, est engloutie, malgré l'hé-
» roïsme des soldats, par la trahison des chefs dans
» les désastres de la patrie. En moins de deux mois,
» deux cent vingt-cinq mille hommes ont été livrés à
» l'ennemi, sinistre épilogue du coup de main mi-
» litaire de décembre! »

Ainsi, dans l'élan irréfléchi de son patriotisme éloquent, Gambetta englobait tous les chefs de l'armée dans la réprobation dont la capitulation de Metz couvrait le maréchal Bazaine. Le coup porta, et plus d'un officier se sentit blessé ou frappé au cœur par ces reproches aussi sanglants qu'immérités. De son côté, la population, toujours portée à expliquer les défaites de la France par la trahison, prit au sérieux ce qui n'était peut-être au fond qu'un mouvement oratoire. Lorsque le matin du jour où la proclamation du gouvernement fut affichée sur les murailles, c'est-à-dire le 30 octobre, je fis ma promenade accoutumée dans la rue Royale et sur le boulevard, une foule animée se pressait autour des affiches, ou circulait en criant : « A bas les traîtres! » Mort aux capitulards! » Les soldats d'un régiment de marche, qui se trouvaient en ce moment à Tours pour être embarqués sur le chemin de fer, se mêlaient aux groupes populaires et participaient à leurs cris. Les officiers, sur leur passage, étaient insultés ; bref, le désordre était au complet, lorsque deux jeunes sous-lieutenants, intempestivement sévères, accostèrent un soldat qui les croisait sans les saluer, l'apostrophèrent, le menacèrent d'une punition et lui enlevèrent son képi pour lire son numéro matricule. Il était difficile de se montrer plus maladroit, mais ces jeunes gens, ardents et inexpérimentés, ne comprenaient pas qu'il y a des moments où il faut fermer les yeux sur des fautes légères pour ne pas en provoquer de plus graves. Le soldat interpellé et touché se regimba, des camarades se joignirent à lui, la foule en un clin d'œil entoura les deux sous-lieutenants, menaçant de leur faire un mauvais parti ; heureusement pour eux et pour la discipline déjà si ébranlée, ils se trouvaient acculés à une boutique de pâtissier qui avait une seconde issue sur une voie parallèle à la rue Royale. Quelques citoyens, plus sages et mieux intentionnés que la masse, les firent entrer dans ce magasin d'où ils purent s'échapper. Cet incident peu grave en lui-même augmenta le désordre général. La foule devint plus houleuse et le soldat plus insolent : symptôme menaçant, spectacle pénible pour un officier habitué au calme de la discipline.

J'étais donc sous une impression fâcheuse et en proie à de sombres pressentiments, lorsque je rentrai à mon bureau où je trouvai une note de M. de Freycinet m'invitant à passer chez lui. Il s'agissait d'une affaire de service peu importante en elle-même, mais pour laquelle j'étais en désaccord avec le délégué. Dans l'état d'agacement où m'avait mis le spectacle de la rue, j'apportai à la discussion un peu plus d'âpreté que de coutume et je m'écriai qu'il m'était pénible de mettre ma signature au bas de la formule *pour le ministre* et par son ordre, lorsque le ministre, au nom duquel je signais, venait d'insulter dans une proclamation rendue publique tout le corps d'officiers dont je faisais partie. « Comment cela ? dit M. de » Freycinet en m'interrompant. — En proclamant que » l'armée est engloutie, malgré l'héroïsme des soldats, » par la trahison des chefs dans les désastres de la » patrie. — Mais soyez bien persuadé, colonel, que » M. Gambetta n'a pas entendu le moins du monde » envelopper tous les chefs de l'armée dans une répro- » bation générale. — Je n'incrimine pas ses intentions, » mais je constate le résultat qui est d'enlever au sol- » dat tout respect et toute confiance vis-à-vis de ceux » qui lui commandent ; si vous en doutez, vous n'avez » qu'à voir ce qui se passe dans la rue. — Vous de- » vriez, colonel, aller trouver M. Gambetta et lui » expliquer vos sentiments, car il est indubitable » qu'il n'a pas voulu blesser le corps d'officiers. — Je » n'ai pas à parler à M. Gambetta, répliquai-je, puis- » que je ne suis en relation avec lui que par votre » intermédiaire ; c'est à vous de lui transmettre ce que » je viens de vous dire, et vous le ferez sans doute » beaucoup mieux que je ne le ferais moi-même. — » Mais non, repartit le délégué, n'appartenant pas à

» l'armée, je ne saurais en comprendre et en exprimer » les sentiments aussi bien que vous qui en faites » partie. » Là se borna pour le moment notre entretien et je m'éloignai en murmurant quelques réflexions dont je fais grâce au lecteur qui les devinera bien certainement.

Une ou deux heures plus tard, je reçus une lettre dans laquelle M. de Freycinet me disait qu'il avait fait part au ministre de l'état de ma santé, altérée par les fatigues d'un travail au-dessus de mes forces. M. Gambetta pensait, comme lui, que j'avais besoin de repos et il était tout disposé à me donner un congé; pour ménager ma susceptibilité, il me donnerait ce congé d'office, si je le désirais; d'ailleurs il ne s'agissait que d'une absence momentanée et, à mon retour, je retrouverais la position dans laquelle je rendais de si grands services. Au premier moment, je fus tenté de me réjouir. Comme on le dit vulgairement, j'avais plein le dos de cette existence, de cette lutte incessante avec des difficultés en apparence insurmontables et des pressions qu'il me fallait subir. En réfléchissant davantage, je changeai peu à peu d'avis. Ma santé m'interdisait malheureusement tout service actif, sans quoi j'aurais accepté avec enthousiasme un commandement à l'armée; si j'avais pris un congé, ç'aurait été pour me retirer chez moi, et je considérais cela comme une véritable désertion! Je savais d'autre part qu'un colonel, employé en province, visait ma place et cherchait à s'en ouvrir les abords dans la correspondance qu'il entretenait directement avec M. de Freycinet. Enfin, je sentais que je ne renoncerais pas sans regret à cette lutte contre les difficultés dont j'étais sorti jusque-là victorieux. Je consultai donc tout d'abord mes collaborateurs : ils furent unanimes à me supplier de rester au milieu d'eux. J'allai ensuite trouver l'amiral, qui pour moi représentait dans le gouvernement le pouvoir régulier et la discipline hiérarchique ; dès que je lui eus exposé la position dans laquelle je me trouvais, il s'écria qu'il ne fallait pas m'en aller, qu'à tout prix il fallait conserver mon poste et continuer la résistance que j'opposais aux démarches insensées de ceux qui entraînaient le gouvernement dans une voie funeste ; moi seul, disait-il, l'aidais à protéger les arsenaux de la guerre et de la marine, menacés d'être envahis par des faiseurs de toutes sortes. L'amiral ajouta à ces considérations quelques mots d'encouragement, et je me décidai à écrire à Gambetta la lettre suivante, datée du 1er novembre :

« Monsieur le ministre,

» Vous avez bien voulu, sur le compte qui vous a
» été rendu par M. de Freycinet du mauvais état de
» ma santé, me faire engager par lui à demander un
» congé. M. de Freycinet m'a même offert de votre part
» de me donner un congé d'office. Je vous remercie
» vivement de votre offre bienveillante, mais cet état de

» santé date de plusieurs mois déjà et ne m'a pas » empêché de faire tous les efforts humainement pos- » sibles pour remplir mon devoir. Si je n'ai pas réussi » à surmonter complètement les difficultés inhérentes » à notre situation, ma correspondance est là pour » attester que ce n'est ni faute d'activité, ni, je l'ajou- » terai sans modestie déplacée, faute d'intelligence de » cette situation. Permettez-moi donc, monsieur le » ministre, de ne pas demander ce congé, permettez- » moi même de ne pas accepter un congé donné » d'office pour raison de santé, et d'invoquer l'accueil » bienveillant dont vous m'avez honoré, lors de votre » arrivée à Tours, pour vous prier de me laisser con- » tinuer mon service ou de me signifier mon renvoi » motivé sur mon insuffisance. Quelque humiliant que » puisse être ce renvoi au point de vue de mon » amour-propre, il sauvegardera du moins ma di- » gnité et ma responsabilité, vis-à-vis de ceux qui » m'ont placé au poste que j'occupe. »

Quelques instants après avoir envoyé cette lettre, je me rendis chez M. Gambetta, soit spontanément, soit mandé par lui, je ne me le rappelle plus au juste, mais j'ai parfaitement présent à ma mémoire l'entretien qui s'en suivit :

« Je viens, monsieur le ministre, dis-je le premier, » pour le congé que vous voulez bien m'offrir. — C'est » Freycinet, me répondit-il, qui m'a dit que vous » étiez malade. — C'est un peu vrai et sans cela » je ne serais pas ici, mais jusqu'à présent ma

» santé ne m'a nullement empêché de remplir mes » devoirs et j'espère bien aller jusqu'au bout. Je ne » demanderais à quitter le ministère qu'au cas où » vous ne seriez pas content de mes services et où » vous penseriez pouvoir me remplacer avantageuse- » ment. — Bien au contraire, répliqua Gambetta, » je ne reçois de tous côtés que d'excellents rapports » sur votre compte, et tous ceux qui viennent des » départements me faire part de leurs craintes et de » leurs espérances se félicitent de vous voir au poste » que vous occupez, je serai donc, pour mon compte, » très heureux de vous y conserver, pour peu que vos » forces vous le permettent. — En tout cas, monsieur » le ministre, je vous ferai observer que j'ai été placé » ici comme à un poste d'honneur par M. le général » Le Flô et que je ne puis quitter ce poste sans en être » relevé; veuillez donc, si vous le jugez convenable, » me donner *mon* congé et non pas *un* congé. — » Qu'il ne soit plus question de tout cela, mon cher co- » lonel, répondit le ministre, et, puisque vous vous » en sentez la force, restez avec nous, j'en serai pour » ma part très heureux. »

Gambetta causa ensuite avec moi du ton le plus aimable; il me fit un grand nombre de questions et d'observations, prouvant que tout en ayant l'air de ne voir les choses que de très loin et de très haut, il était au courant de bien des détails. J'admirais son intelligence et sa force d'assimilation, lorsque soudain il baissa la tête et demeura silencieux, puis se relevant avec ce geste d'orateur ou plutôt de tribun qui consistait à rejeter en arrière sa longue chevelure : « Ah ! mon cher colonel, fit-il, d'un » ton plus lent et plus grave, nous sommes bien bas, » nous n'avons plus qu'à faire choix de l'abîme pour » y tomber, mais c'est égal, cria-t-il plus haut et en » relevant le front, il faudra que la France se tire de là » ou qu'elle me dise pourquoi. » Là-dessus il me secoua vivement la main et me dit affectueusement : Au revoir ! »

J'allai rendre compte immédiatement à l'amiral de ce qui venait de se passer ; il parut très satisfait et m'invita à dîner pour le soir avec le général Bourbaki, arrivé de la veille à Tours. Mes collaborateurs me témoignèrent toute leur joie et mes relations avec M. de Freycinet furent reprises sur le ton le plus courtois.

J'eus donc le soir l'honneur et le plaisir de voir et d'entendre le général Bourbaki. C'était bien, avec un fond de tristesse qui se trahissait sous les apparences d'un joyeux caractère, le brillant soldat que j'avais connu en 1858 à Metz, lorsqu'il y commandait la division militaire, mais si j'avais cru apprendre de lui quelques révélations au sujet du siège de Metz, mon attente fut bien déçue. Le héros d'Inkermann et de vingt autres combats, le commandant de la garde impériale de Napoléon III se montra très réservé sur tout ce qui concernait la défense de Metz et particulièrement sur le rôle qu'il avait joué, en quittant cette place pour aller remplir une mission problématique. Il était facile cependant de s'apercevoir qu'il était triste et mécontent d'avoir été dupe de quelque sourde intrigue. A part cela, il fut extrêmement aimable et causa très tranquillement avec moi, en prenant pour thème les détails techniques ; il m'apprit en particulier que l'artillerie avait fait là-bas pour les fusées ce que nous avions fait nous-mêmes, en adoptant exclusivement, mais trop tard, la fusée percutante. On sait que, très peu de temps après, le général Bourbaki partit pour Lille, afin d'y prendre le commandement des forces qui pourraient être réunies dans le Nord ; nous fûmes donc quelque temps sans le revoir.

J'ai dit plus haut que l'amiral Fourichon m'avait prié de rester à mon poste pour continuer à protéger les arsenaux de la guerre et de la marine, menacés d'être mis au pillage. C'était à propos de l'artillerie départementale, créée par décret du 3 novembre. L'organisation de ces batteries, confiée exclusivement aux départements pour le personnel et pour le matériel, ne pouvait donner que des résultats tardifs. Elle aboutit, dit M. de Freycinet dans son livre déjà cité plusieurs fois, à la mise sur pied de cinquante-sept batteries complètes en matériel, en personnel et en chevaux, et de quarante et une batteries complètes en matériel seulement ; mais tout cela ne fut prêt qu'à la date du 19 février 1871. Le gouvernement ne se faisait du reste que peu d'illusions sur les résultats de cette institution qui avait pour objet principal de satisfaire le patriotisme des populations, en les associant d'une manière plus intime à la défense, et de donner un aliment aux activités locales qui se dépensaient dans une agitation stérile et presque embarrassante. Comment se fait-il qu'avec cette pensée le décret constitutif eût autorisé les organisateurs des batteries départementales à puiser librement dans les arsenaux les matériaux qui pourraient servir à hâter l'achèvement de leur œuvre ? C'est ce que je ne me charge pas d'expliquer. Quoi qu'il en soit, aussitôt le décret signé, l'amiral Fourichon me fit appeler et me dit qu'il s'était en vain opposé à cette disposition désastreuse. « Que puis-je y faire? ajouta-t-il, » Gambetta a voix prépondérante, et il suffit qu'un » des deux bonshommes qui composent avec nous le » gouvernement se range de son avis, pour que cet » avis devienne une loi. Tâchez donc, je vous prie, » de voir Gambetta, qui vous écoute avec déférence, » et de le faire revenir sur ses intentions. »

Je m'empressai d'obtempérer au désir de l'amiral, et, soit que le décret n'eût pas encore été rendu public, soit que la disposition dont il s'agit fût annulée par une nouvelle décision, soit qu'il fût convenu tacitement qu'elle resterait à l'état de lettre morte, toujours est-il qu'il n'y fut pas donné suite.

Le moment approchait où les efforts de la délégation allaient se traduire en un succès brillant, mais, hélas! trop fugitif. Les 15e et 16e corps d'armée se préparaient activement à la lutte et les commissaires, envoyés par M. de Freycinet pour constater les progrès de cette organisation, revenaient en rapportant les renseignements les plus encourageants. Les principaux de ces commissaires étaient un M. Sourdeau, que je désigne par son nom puisque M. de Freycinet l'a nommé lui-même, et M. de Serres, qui remplit dans la suite de la guerre un rôle diversement apprécié. Ce dernier m'a laissé, je l'avoue, le meilleur souvenir. D'origine polonaise, ancien élève de l'École polytechnique, fonctionnaire d'ordre supérieur dans les chemins de fer autrichiens, actif et intelligent, il avait sur les opérations militaires des vues qui ne justifiaient pas sans doute un excès de présomption, mais qui ne manquaient pas de justesse et de prévoyance. Il rendit, paraît-il, de grands services en recevant quotidiennement de Vienne, par l'intermédiaire de Londres, des dépêches qui signalaient les mouvements et la position des troupes ennemies; il fut en tout cas, auprès de nos chefs d'armée, un représentant utile du ministère de la guerre.

Quant à son collègue, c'était un original qui nous faisait un peu rire par la manière dont il se prenait au sérieux. C'est lui, je crois, qui, revenant de l'armée de la Loire, après la reprise d'Orléans, prétendit que cette armée se gardait mal. Or, sous l'autorité énergique et ferme du général d'Aurelles de Paladines, le service de sûreté était au contraire admirablement fait dans cette armée. Le général prit donc fort mal les reproches qui lui furent adressés à ce sujet par Gambetta, et les releva assez vivement pour que M. Sourdeau, averti, se montrât désormais plus circonspect dans ses rapports. Nous n'avions du reste avec lui que les relations les plus agréables, car c'était un homme bien élevé et courtois.

Je n'ai pas à raconter ici comment fut établi le plan de campagne, comment le 15e corps fut transporté par chemin de fer sur la rive droite de la Loire où il rejoignit le 16e. Je n'ai pas non plus à rechercher les causes qui firent retarder à deux reprises l'attaque projetée contre le corps bavarois qui occupait Orléans. On a reproché à M. de Freycinet, et le général d'Aurelles a insisté sur ce reproche dans son livre intitulé *la Première Armée de la Loire*, d'avoir utilisé les chemins de fer pour le transport du 15e corps. Je considère pour ma part ce reproche comme injuste. Il s'agissait d'exécuter un mouvement tournant de Salbris à Blois, en ayant, sur le flanc et au centre de l'arc décrit, une force ennemie imposante. L'emploi du chemin de fer pouvait seul permettre d'opérer ce mouvement sans être troublé.

Le jour de la bataille approchant, je reçus l'ordre d'envoyer sur la ligne du chemin de fer un fort convoi de munitions. J'avais, pour m'assister dans toute la partie concernant les envois de matériel par voie ferrée, deux auxiliaires précieux, revêtus du grade de capitaine dans l'artillerie de la garde nationale mobile, M. Michel, ingénieur attaché à la Compagnie des chemins de fer du Midi, et mon propre fils, Henri Thoumas, inspecteur intérimaire de l'exploitation des chemins de fer de l'Est. Ce fut ce dernier que je chargeai de la conduite du train de munitions destiné à l'armée du général d'Aurelles. Il lui était prescrit de placer en tête du train deux wagons contenant les cartouches pour fusil Remington, ressource précieuse que l'on gardait avec le plus grand soin et qui était remisée dans la gare de croisement de Saint-Pierre-des-Corps. Il fallait donc tout d'abord aller chercher ces deux wagons pour les ramener à la gare de Tours; mais celle-ci était tellement encombrée, qu'il fut impossible d'obtenir du chef de gare ou du chef du mouvement une locomotive à diriger sur Saint-Pierre-des-Corps. Le service des voyageurs et celui des marchandises n'avaient même pas été suspendus en prévision de la bataille dont on ne voulait pas divulguer le projet, et les employés de la Compagnie se montraient plus empressés de servir le public que d'accéder aux demandes de l'administration militaire. Mon fils vint me rendre compte des difficultés qu'il rencontrait, et je partis furieux pour la gare, que je menaçai de faire occuper par un bataillon d'infanterie si l'on ne me donnait à l'instant la locomotive demandée.

Cette ingérence du directeur de l'artillerie au ministère dans une question pratique de transport pourra paraître à bon droit singulière, mais, faute d'avoir organisé et centralisé les transports, il en fut de même pendant toute la guerre; chacun tira de son côté, et les employés embarrassés, ne sachant à qui entendre, obéirent au service qui se montrait le plus exigeant, au détriment des autres.

Témoin de toutes ces difficultés et des inconvénients qui en résultaient, je suppliai à plusieurs reprises M. de Freycinet de centraliser tout ce qui concernait les transports par chemin de fer dans les mains d'un seul directeur, investi de pouvoirs absolus, et je me permis même de lui indiquer M. Jacqmin comme particulièrement capable de remplir cette importante mission; mais M. de Freycinet, ingénieur, tout récemment encore haut fonctionnaire de la Compagnie du Midi, recula devant la responsabilité d'une mesure aussi grave, et Gambetta lui-même, malgré le titre de dictateur décerné par l'opinion publique, ne se crut pas assez fort pour s'en prendre aux puissantes compagnies de chemins de fer. Ce n'est que tout à fait à la fin de la guerre, et sous l'impression des événements, qu'on ébaucha dans ce sens un essai d'organisation auquel il ne fut pas donné suite.

Pour en revenir aux préliminaires de la bataille de Coulmiers, mes menaces, quelque irrégulières qu'elles fussent, obtinrent gain de cause; mon fils eut la locomotive nécessaire et partit avec son train complété par les cartouches Remington. Celles-ci furent les bienvenues à l'armée; c'était bien assez d'avoir des bataillons armés de Remington sans baïonnettes, il leur fallait pour le moins des cartouches de rechange, et nous en possédions si peu que nous n'avions pas pu en expédier plus tôt.

Nous attendions avec impatience le résultat de la bataille que nous savions être engagée. Quand nous apprîmes que c'était une victoire, je courus chez M. de Freycinet que je trouvai entouré de ses principaux affidés; je m'attendais à les trouver joyeux, et je fus assez étonné du désappointement qui se lisait sur leurs physionomies, désappointement bien justifié cependant. On avait espéré pouvoir cerner et prendre le corps bavarois du général von der Thann, et ce corps avait glissé entre les mailles du filet qu'on lui avait tendu. Le 16e corps et les deux dernières divisions du 15e, le tout appuyé par une nombreuse cavalerie, devaient attaquer les Bavarois de front, tandis que la 1re division du 15e corps, forte de près de trente mille hommes et commandée par le général Martin des Pallières, devait remonter la rive droite de la Loire pour donner la main au gros de l'armée, en tournant la position des Bavarois. L'opération devait durer deux jours, pensait-on, et la première division du 15e corps avait ordre de s'arrêter après un jour de marche, pour arriver le lendemain matin sur le théâtre du combat. L'ardeur des troupes, en enlevant dès le premier jour la position de Coulmiers, déjoua ces prévisions, et les Bavarois purent battre en retraite sans être très sérieusement entamés, par suite de l'inertie du général Reyau qui commandait la cavalerie et de l'obéissance trop stricte du général Martin des Pallières.

Un de mes camarades, lieutenant-colonel d'artillerie, qui commandait l'avant-garde de ce dernier général, me raconta plus tard quel avait été ce jour-là son désespoir. Parvenu au point où il avait ordre de s'arrêter, et jugeant par le bruit du combat que le moment était venu d'intervenir, il envoya demander à son général l'autorisation de pousser plus avant. Le général Martin des Pallières accourut sur les lieux ; il allait se rendre aux prières du commandant de son avant-garde, lorsque le chef d'état-major de la division, lui rappelant les ordres formels du général en chef, lui conseilla vivement de ne pas prendre sur lui la responsabilité d'enfreindre ces ordres. Le général se rendit à ces raisons et sa division ne bougea pas. De l'autre côté, le général Reyau voulut, avant de faire marcher ses nombreux escadrons, éteindre le feu de l'artillerie de position des Bavarois avec son artillerie à cheval, ne put y parvenir, perdit son temps en manœuvres inutiles et, apercevant une colonne qui s'avançait par la route de Châteaudun, fit demi-tour pour aller reprendre la place qu'il occupait la veille. Or, cette colonne qui le faisait reculer n'était autre que le corps des francs-tireurs de Lipowski, appelé à prendre part au combat.

Il résulta de l'extrême prudence du général Reyau que non seulement la cavalerie ne chercha pas à barrer la route aux Bavarois, mais que, le lendemain matin, elle se trouva trop éloignée pour les poursuivre. L'escorte du général Chanzy resta seule pour accomplir cette tâche. Ainsi fut manquée l'opération sur laquelle on comptait comme sur un coup de foudre pour détruire le corps bavarois. Le général des Pallières s'était conformé aux ordres qui lui étaient donnés et la fatigue de ses troupes était peut-être trop grande pour lui permettre de pousser plus loin qu'il ne le fit; il prouva seulement par un exemple de plus l'inconvénient des détachements en face de l'ennemi, car, si au lieu de le séparer du gros de l'armée, on l'eût fait contribuer à l'attaque directe de Coulmiers, les résultats de la bataille eussent été tout autres. Quant au général Reyau, il fut l'objet des récriminations les plus vives et, il faut bien le dire, les plus méritées. Non seulement il amoindrit les résultats de la victoire, mais il compromit cette victoire elle-même, en démasquant par sa retraite précipitée la gauche du 16ᵉ corps, qui fut sauvée par l'habileté du général Chanzy et l'énergie de l'amiral Jauréguiberry.

Malgré la déception éprouvée, le gouvernement fit sonner bien haut la victoire de Coulmiers, le seul succès franchement obtenu par la France pendant cette guerre désastreuse, en exaltant l'intrépidité et le sang-froid des troupes des 15ᵉ et 16ᵉ corps.

L'artillerie entra pour une grande part dans ce succès. Le soin qu'on avait pris d'armer les projectiles de fusées percutantes et la proportion de canons de 12 qu'on avait fait entrer dans la composition des réserves donnèrent à cette artillerie une puissance nouvelle, et lui assurèrent une telle efficacité que les Allemands crurent pour un instant à la transformation complète de notre matériel. Je tiens ce détail d'un propriétaire des environs de Blois, père d'un capitaine d'artillerie, chez qui furent logés, après la perte d'Orléans, des officiers bavarois qui lui racontèrent leurs impressions pendant la bataille de Coulmiers.

Lorsque nos troupes eurent réoccupé Orléans, de vives discussions furent ouvertes sur ce qu'il convenait de faire. Je n'ai pas à en parler ici, je dirai seulement que nous eûmes à nous occuper de créer les 17e, 18e, 20e et 21e corps d'armée, dont l'artillerie, complètement organisée par nous, s'éleva à plus de cinq cents pièces.

Le 18e corps, formé à Nevers et fort de dix-huit à vingt mille hommes, était destiné au général Bourbaki, revenu de Lille depuis quelque temps. Je le rencontrai un jour dans les couloirs de l'hôtel du maréchal, sortant de chez le général Véronique qui était encore logé dans cet hôtel, ainsi que l'amiral Fourichon. Je lui demandai s'il était vrai qu'il eût accepté le commandement du 18e corps d'armée. Il me répondit que ce n'était pas encore chose faite. Or, il me fit quelques questions sur la composition de ce corps d'armée; je lui dis qu'il devait se composer de régiments de marche et de gardes mobiles, avec le 92e de ligne et le 8e hussards, derniers régiments rentrant d'Algérie. « Ce n'est pas ce qui » m'arrête, me répliqua-t-il, mais je vois d'ici ce » qui se passera. Dès qu'il pleuvra ou tombera de la » neige, les soldats crieront à la trahison. Comment » ne trahirais-je pas, puisque je suis aide de camp » de l'Empereur ! » et il s'éloigna. Je sus plus tard qu'à ce moment il était en proie à des obsessions continuelles. Son ardeur, son instinct militaire le poussaient à prendre un commandement, mais il était retenu par des lettres qu'il recevait presque journellement et dans lesquelles ses amis, inféodés à l'Empire, lui reprochaient son obéissance à un gouvernement rebelle. Le vaillant soldat finit par dominer en lui ; il accepta le commandement du 18e corps et nous quitta. Je ne le revis plus qu'à Paris, portant à la tempe la trace d'un coup de revolver qu'il s'était tiré pendant la retraite de son armée, après la bataille de la Lisaine; mais, je ne me rappelle plus par suite de quelles circonstances il tarda à rejoindre le 18e corps, qui fut donné provisoirement au général Billot.

Le 20e corps, d'abord sous les ordres du général Michel, était passé sous ceux du général Crouzat, ancien colonel d'artillerie, brave et habile soldat, remarquable par son originalité. C'est lui qui, voyant autour de Besançon le génie couper toutes les communications en faisant sauter les ponts, envoya au ministre de la guerre la dépêche suivante : « Je » proteste contre le sans-gêne avec lequel, mainte-

» nant, on détruit tous les ponts. Laissons à l'ennemi » le soin de couvrir de ruines le sol de la patrie. » C'est encore de lui cet autre télégramme : « Au nom » de la patrie en danger, je demande que le capi- » taine C... soit nommé chef d'escadron. » Mais bientôt il nous tourmenta quelque peu par des dépêches plus sérieuses. Le 20e corps était très nombreux ; il se composait en grande partie de troupes ayant combattu dans des conditions désavantageuses sur la frontière de l'Est, il manquait de beaucoup de choses. Le général Crouzat, appelé à rejoindre le 18e corps sur la Loire, réclama naturellement ce qui lui faisait défaut. Il demanda, entre autres objets, cent mille aiguilles de rechange, et de tout à l'avenant ; il fallut modérer son ardeur, en le priant de mettre un frein à des désirs irréalisables.

IV

SECONDE PRISE D'ORLÉANS

Nouveaux efforts. — Les capsuleries de Bourges et de Bayonne. — M. Marqfoy. — Les mitrailleuses de Garibaldi. — M. Ricard à la Rochelle, M. Duportal à Toulouse. — Le colonel de Croûte. — Le gros matériel. — Le colonel de Reffye. — Atelier de Tarbes. — Formation des corps d'armée. — Personnel d'officiers. — Le colonel Pourrat. — Personnel de la troupe, hommes et chevaux. — Prise d'une batterie sur le Loir. — Batterie prise dans la forêt d'Orléans. — Le général Fiérek et l'envoyé de Gambetta. — Batailles autour d'Orléans. — Dernier train sorti de la ville. — Passage à travers la cavalerie allemande. — Gambetta à Beaugency. — Son patriotisme. — Les batteries de Toulouse. — Défectuosités de la gare de Tours. — Batteries de montagne. — Parcs d'artillerie sur les voies ferrées. — Surabondance des munitions. — Les cartouches du Mans. — La ville de Tours menacée. — Désespoir causé par notre départ. — La guerre n'appauvrit pas tout le monde.

Le moment est venu d'exposer au lecteur le résultat des efforts de la direction d'artillerie auprès de la délégation, efforts qui portèrent sur la fabrication des fusils, sur celle des cartouches d'infanterie, du matériel et des munitions d'artillerie, sur la formation des batteries de campagne, la fourniture des chevaux et des harnais nécessaires. J'ai déjà dit que les manufactures d'armes, bien que leur production eût été à peu près doublée et portée à environ mille fusils par jour, ne pouvaient suffire à l'armement des troupes de tout genre que la délégation mettait sur pied. Bientôt commencèrent à nous arriver les fusils achetés par la commission d'armement. Malheureusement, les premiers arrivages consistèrent surtout en armes de vieux modèles, se chargeant par la bouche.

En dehors de la commission, il y eut d'ailleurs de nombreux achats faits par les départements, les villes, les corps francs ; on acheta tout ce qu'on trouvait, quel que fût le modèle, et il résulta de là un mélange incroyable de fusils de toutes sortes. Le général Chanzy, dans son livre intitulé *la Deuxième Armée de la Loire*, a donné la liste de tous les modèles d'armes existant dans cette armée. Ces modèles sont au nombre de dix-huit, et cependant l'armée du général Chanzy était la plus régulièrement organisée. Parmi ces dix-huit modèles, sept seulement étaient français, savoir : les fusils et carabines modèle 1866, les mousquetons d'artillerie et de gendarmerie, les fusils modèle 1868, dits à tabatière, les fusils à percussion à balle sphérique ou cylindro-conique. Parmi les armes étrangères, les principales étaient les fusils Remington, Snider, Scharps, Spencer, se chargeant par la culasse, les fusils Enfield et Springfield, se chargeant par la bouche. A cette énumération, il conviendrait d'ajouter encore plusieurs autres modèles, et il suffirait pour cela de consulter les tables donnant la composition de l'armée des Vosges, commandée par Garibaldi. On comprendra quelles difficultés durent surgir de cette incroyable diversité, d'autant plus que les variétés se compliquaient encore de sous-variétés : ainsi, par fusil Remington il fallait entendre soit le Remington proprement dit, soit le Remington espagnol, soit le Remington égyptien.

Ceci me conduit tout naturellement à parler de la question des cartouches dont j'ai déjà dit quelques mots. En ce qui concerne les fusils modèle 1866, la création de nombreux ateliers permit de porter la fabrication à quinze cent mille cartouches par jour, mais on ne parvint pas du premier coup à réaliser ce desideratum; il fallut, en attendant, faire fabriquer des cartouches jusqu'en Angleterre. On obtint de la sorte une bien faible augmentation de ressources, puisque les marchés passés avec des fournisseurs anglais ne produisirent que six millions de cartouches avant le 15 février 1871, époque à laquelle la conclusion de la paix fit cesser la fabrication, et onze millions de cartouches livrées postérieurement à cette date. Les deux grands écueils contre lesquels se brisèrent longtemps nos efforts, furent la production des papiers découpés et celle des capsules. Grâce au patriotique concours de M. Laroche-Joubert, le député bien connu d'Angoulême où il possédait de grands établissements de papeterie, cette difficulté ne tarda pas à être levée. M. Laroche-Joubert s'entendit avec M. Marqfoy, ancien élève de l'École polytechnique, ami de M. de Freycinet qui l'avait chargé de s'occuper spécialement de cette affaire, centralisa la production des autres établissements de la Charente, et parvint à fournir les papiers et les boîtes de carton nécessaires pour une fabrication d'un million de cartouches par jour.

Nous eûmes encore plus de peine avec les capsules. La fonderie de Bourges était bien outillée pour fabriquer les corps de capsules, mais il fallut installer, sous la direction d'un employé de la capsulerie de Montreuil sorti à temps de Paris, un atelier pour la fabrication et la pose du fulminate. Cette installation ne se fit pas du premier coup, et la production marchait bien lentement au gré de notre impatience. Une dépêche que j'avais adressée au directeur de la fonderie pour activer son zèle fut communiquée à Gambetta, qui me fit aussitôt appeler. Je le trouvai fort en colère, arpentant sa chambre à grands pas ; il se précipita sur moi dès que j'entrai et s'écria : « Je vais faire fusiller le directeur de Bourges! — « Cela ne nous donnera pas une capsule de plus, et » je crois qu'il vaut mieux encourager ce colonel » que de le butter par de violents reproches. » Après quelques instants de conversation, Gambetta me congédia, et à peine étais-je de retour à mon bureau que je reçus une lettre de lui, conçue à peu près en ces termes : « J'apprends que la fabrication des

» capsules ne marche pas à Bourges; vous com-
» prendrez, mon cher colonel, mes patriotiques
» angoisses, et je compte sur toute votre énergie
» pour mettre un terme à cet état de choses, si pré-
» judiciable aux intérêts de la défense nationale. »

Malheureusement, toute l'énergie que j'aurais pu déployer était d'autant plus impuissante que l'approche de l'ennemi, établi à Orléans, nous força de transporter la capsulerie à Toulouse, où son installation fut la cause de nouveaux retards. Dans cette conjoncture presque désespérée, on alla jusqu'à demander au gouvernement de Paris de nous envoyer des capsules par ballons, mais c'était là une ressource ridiculement insuffisante. On s'adressa encore au marché anglais, d'où l'on ne put tirer jusqu'au 15 février 1871 que cinq millions de capsules chargées et autant de capsules vides.

Enfin M. Marqfoy, qui s'était déjà occupé de la question des cartouches en ce qui concerne les papiers et cartons, fut chargé d'établir à Bayonne une grande capsulerie; il fut assisté dans cette œuvre par M. Mascart, l'éminent professeur du Collège de France, et la capsulerie de Bayonne parvint à produire jusqu'à un million deux cent mille capsules par jour. Elle fut supprimée à la paix, non sans regret. M. Marqfoy était venu dans les derniers jours du mois de janvier parler à Gambetta, qui était encore à Bordeaux, de l'éventualité de cette suppression, et Gambetta, un peu enclin, comme tous les personnages accablés de solliciteurs, à leur donner de l'eau bénite de cour, lui promit que la capsulerie serait conservée, sans se rappeler qu'il avait, le jour même ou la veille, approuvé et signé les conclusions d'un rapport tendant à la supprimer. Lorsque le général Le Flô eut pris à Bordeaux la place de Gambetta, j'écrivis à M. Marqfoy, au nom du ministre, une lettre portant notification de cette mesure. M. Marqfoy, avec qui j'étais cependant dans les meilleurs termes, crut que l'idée et l'initiative de cette lettre venaient de moi. Il réclama très vivement auprès du général Le Flô, m'accusant d'avoir abusé de la délégation de signature pour prendre une décision contraire aux intentions du ministre, menaçant même de porter sa réclamation jusque devant l'Assemblée nationale s'il n'y était fait droit. On lui répondit en lui envoyant copie conforme et certifiée du rapport approuvé par Gambetta ; il m'écrivit alors pour s'excuser une lettre charmante et l'incident n'eut pas de suites. Je n'en ai parlé, malgré son peu d'importance, que pour donner un exemple des petits ennuis dont sont accablés dans les circonstances difficiles ces pauvres bureaux, dont le public est toujours prêt à faire les boucs émissaires de la situation.

D'autres fabriques de capsules furent installées, dans des proportions moindres, à Bordeaux, à Angers et à Toulon.

Dans le but d'activer la production et de rendre

la fabrication moins dangereuse, M. l'ingénieur des mines Linder, qui installait la capsulerie de Bordeaux, imagina de substituer au fulminate de mercure un fulminate à base de chromate de plomb, et voici qui montre combien il faut être circonspect en fait d'invention nouvelle. L'essai des cartouches fabriquées avec les capsules provenant de l'établissement de Bordeaux donna les résultats les plus satisfaisants, mais après la guerre, des cartouches envoyées de France en Algérie ayant occasionné de nombreux ratés pendant l'expédition contre les insurgés de la province d'Alger, on reconnut, d'après l'inscription des boîtes, que ces cartouches venaient de Bordeaux. On fit alors des essais en grand sur celles de ces cartouches qui se trouvaient dans les magasins d'Alger : elles ne donnèrent aucun raté. On fit des expériences de transport et, après quelques jours de marche, on constata de nouveaux et très nombreux ratés dans les cartouches dont les soldats étaient porteurs. Enfin on reconnut que le fulminate employé avait l'inconvénient de se désagréger et de prendre une forme pulvérulente qui le faisait se détacher du fond de la capsule.

Quant aux cartouches pour fusils de provenances et de modèles étrangers, on ne pouvait songer à en essayer la fabrication ; le ravitaillement des troupes armées de ces fusils présenta les plus grandes difficultés et exigea des précautions infinies. Les commandants de corps d'armée et les directeurs de parcs, encore moins les chefs de tous ces éléments isolés qui combattaient pour leur propre compte et n'étaient guère rattachés que pour ordre aux corps régulièrement constitués, ne nous adressaient jamais de demandes détaillées ; ils se bornaient à des télégrammes indiquant qu'ils allaient manquer de munitions. Il fallait donc, en leur envoyant des trains de ravitaillement, tenir compte, dans le chargement des wagons, des modèles d'armes pour lesquels on devait fournir des munitions, ce qui n'était pas toujours facile.

Voici un exemple remarquable des embarras que nous causaient ces vagues demandes de munitions : il s'agit, il est vrai, de mitrailleuses et non de fusils ; mais peu importe ! cela se passait pour les uns comme pour les autres. La nuit qui suivit la bataille de Dijon (22 janvier 1871), je fus éveillé vers deux heures du matin par un des ingénieurs attachés au cabinet de M. de Freycinet, lequel m'apportait une dépêche signée par le général Pélissier, commandant en chef des mobilisés de Saône-et-Loire. Cette dépêche se terminait ainsi : « Mitrailleuses Garibaldi » manquent de munitions. » En me la communiquant, l'attaché au cabinet me dit : « M. de Freycinet » vous prie instamment de faire tout votre possible » pour envoyer à Dijon les munitions qui manquent » à Garibaldi, car le combat va continuer. »

Je fis observer qu'il était bien difficile de faire parvenir en quelques heures à Garibaldi des munitions dont je ne connaissais même pas l'espèce et qu'il fallait trouver à une distance de Dijon assez rapprochée pour qu'elles pussent y parvenir en temps utile. « M. de Freycinet, me fut-il répondu, vous supplie » instamment de faire tout votre possible. » Je me jetai à bas de mon lit et j'envoyai chercher le capitaine Simon : je lui demandai s'il savait quelle espèce de mitrailleuses possédait l'armée de Garibaldi. « Je » ne lui en connais pas d'autres, me répondit le » capitaine, que des mitrailleuses Gattling qui se » trouvaient au Havre et qu'on a mises à la disposi- » tion de M. Bartholdi. » Il s'agissait ici de l'éminent sculpteur, auteur de la statue colossale de la *Liberté* et de vingt autres œuvres remarquables, qui remplissait à Bordeaux les fonctions de délégué de Garibaldi auprès du gouvernement. Cet aimable ambassadeur du grand aventurier portait la chemise rouge, ornée sur les manches des galons en or de chef de bataillon; il nous transmettait les demandes de son mandataire et passait à causer avec nous des moments qui ne nous semblaient jamais trop longs. C'est lui que je fis prier à son tour de se rendre auprès de moi. Le jour commençait à poindre lorsqu'il arriva dans mon bureau, ou plutôt il faisait encore nuit noire, car nous étions au commencement de janvier, mais notre journée de travail était commencée. M. Bartholdi répondit tout d'abord à mes questions qu'il n'avait pas pris livraison des mitrailleuses Gattling, emmagasinées au Havre, et qu'il s'agissait sans nul doute, dans la dépêche du général Pélissier, des mitrailleuses de modèle spécial que Garibaldi avait achetées à un industriel du département de la Loire, Petin-Gaudet si je ne me trompe. Cet industriel, inventeur d'une mitrailleuse analogue à celle du système de Reffye (canon à balles), était venu nous proposer de nous en fournir un certain nombre.

Je fis rechercher le dossier relatif à cette proposition, non suivie d'effet, et j'appris ainsi que la mitrailleuse en question avait été combinée de manière à pouvoir être chargée avec les cartouches du fusil modèle 1866. En conséquence, je dictais pour Garibaldi une dépêche l'invitant à prendre, dans ses approvisionnements de cartouches modèle 1866, ce qui était nécessaire pour le tir de ces mitrailleuses, lorsque entra le colonel de Reffye. Mis au courant de la question, il m'apprit que les mitrailleuses, vendues à Garibaldi par un industriel de la Loire, avaient été modifiées d'après ses conseils et qu'elles ne pouvaient plus tirer la cartouche 1866 ; un approvisionnement de cartouches spéciales avait été livré à Garibaldi, en même temps que les mitrailleuses elles-mêmes. Pour le coup, c'était à y renoncer, car il était bien impossible d'envoyer à Dijon, pour la bataille qui se livrait en ce moment, des cartouches dont nous ne connaissions pas même le modèle, devant servir à des mitrailleuses également inconnues.

L'affaire en resta donc là, mais elle eut plus tard un épilogue assez désagréable pour moi. Un journal de Lyon, qui attaquait très violemment l'intendant militaire, chef des services administratifs dans cette ville, lui reprocha en termes peu parlementaires d'avoir compromis la victoire de Garibaldi, en le laissant manquer de munitions pour ses mitrailleuses. L'intendant répondit naturellement que les approvisionnements en munitions ne le regardaient pas et qu'il fallait pour cela s'adresser au service de l'artillerie; il demanda en même temps au ministre de vouloir bien dégager sa responsabilité par une note adressée aux journaux. Je fus donc à mon tour mis sur la sellette, et un journal de Bordeaux fit sur moi une charge à fond, déclarant que, par mon orgueil et mon incapacité, j'étais bien le digne successeur du maréchal Le Bœuf. J'avais conservé trop d'estime pour le maréchal et trop de respect pour sa personne, en dépit des derniers événements, pour me trouver blessé d'une pareille assimilation ainsi que de toutes les aménités répandues dans l'article dont je fais ici mention. J'étais trop occupé pour ressentir les piqûres d'épingles, lors même que ces épingles étaient quelque peu empoisonnées.

J'en reviens aux embarras causés par les armes et leurs munitions. Parmi les fusils envoyés d'Amérique à la commission d'armement, se trouvaient, en petit nombre, des armes à répétition, savoir des carabines du modèle Spencer et des fusils Winchester. Ces derniers eurent un grand succès et tous ceux qui en connaissaient l'existence voulurent en avoir. Je parle, bien entendu, des corps francs. Nous étions à Bordeaux lorsque les fusils Winchester arrivèrent, et je ne sais par quelles circonstances un certain commandant des francs-tireurs de Brest, alors en voie d'organisation, reçut du cabinet du ministre la promesse d'avoir un certain nombre de ces fusils que nous voulions tenir en réserve pour les distribuer à bon escient. Le cabinet ne nous ayant pas prévenus, nous ne donnâmes aucun ordre pour l'exécution de cette promesse, et M. Octave Pavy, à qui l'on refusa les winchester, réclama très vivement; on lui donna satisfaction, ce qui prouve qu'avec des protections on obtenait même des armes réservées.

Le plus grand nombre des fusils Winchester fut distribué d'ailleurs au petit corps de volontaires commandé par Frapoli, un patriote italien, ennemi déclaré et adversaire acharné de Garibaldi; ces fusils firent merveille, comme les chassepots de Mentana, dans une affaire qui eut lieu, au mois de janvier, à Nuits-sous-Ravières. Attaqués par les Allemands, en nombre très supérieur, la poignée d'hommes qui défendait le pont sur l'Armançon et le canal put résister toute la journée. Les Prussiens ne comprirent cette résistance qu'en trouvant le lendemain, sur le terrain abandonné par les francs-tireurs, un fusil Winchester oublié par ces derniers. Cette affaire de Nuits-sous-Ravières peut donc être considérée comme le premier combat dans lequel le fusil à répétition fit son apparition en Europe.

Un des épisodes les plus curieux de mon séjour à Tours fut la discussion que j'eus avec M. Ricard, commissaire du gouvernement à Niort, pour des ordres qu'il avait cru devoir donner de sa propre initiative et qu'il avait fait exécuter sans l'autorisation du ministre. Tout essai de décentralisation en pareille matière eût été funeste. Du moment que chaque autorité locale se serait crue maîtresse de disposer des ressources emmagasinées sur son territoire, les arsenaux et les magasins auraient été mis au pillage, et nous n'aurions plus rien trouvé pour fournir d'armes et de munitions les troupes destinées à être envoyées les premières devant l'ennemi. Or, un régiment de mobiles des Deux-Sèvres, envoyé dans les Vosges dès le début de la guerre, s'était trouvé, par suite de son armement, dans un état d'infériorité notable vis-à-vis de l'ennemi. De nouveaux bataillons de gardes mobiles, organisés par les soins de M. Ricard, avaient été armés provisoirement de fusils à percussion; il était à craindre que les hommes de ces bataillons fussent découragés avant de partir pour l'armée. M. Ricard crut devoir, en conséquence, adresser au ministre de la guerre la dépêche suivante, datée du 20 octobre 1870 :

« Il y a, je les ai vus, vingt mille chassepots à la
» Rochelle et j'ai hier, ne recevant rien de vous,
» télégraphié pour envoi de quatre mille; ne puis,
» quand tout le pays connaît présence de ces fusils

» et quand deux mille lettres arrivant des Vosges » ont appris qu'au combat de Burgonce nos gardes » mobiles n'avaient pas encore tiré un seul coup de » fusil Chassepot, retarder cet armement-là. Ils sont » prêts tout à fait, je veux leur faire tirer quelques » coups à cible et aurez bons bataillons, armerai » donc ces gardes mobiles et ceux de Corrèze; leurs » fusils à percussion armeront neuf mille gardes » nationaux mobilisés des Deux-Sèvres que j'orga- » nise en ce moment. »

Il fut répondu à M. Ricard par télégramme du 21 octobre 1870 :

« Vous ne voulez pas comprendre pourquoi on ne » distribue pas les fusils Chassepot qui sont dans » les arsenaux. La raison est cependant impérieuse. » Quand on distribue cent mille de ces fusils, comme » on vient de le faire, cela fait quinze millions de » cartouches à délivrer. Les fusils Chassepot sont » exclusivement réservés pour le moment aux troupes » de ligne et de mobiles faisant partie des corps » d'armée actifs. »

Malgré cela, nous fûmes informés par le directeur d'artillerie à la Rochelle qu'il avait cru devoir déférer à l'ordre du commissaire. Comme ce colonel avait été formellement invité à n'obéir qu'aux ordres du ministre, j'allai trouver Gambetta et je lui déclarai que, s'il approuvait la conduite de M. Ricard et celle du directeur de la Rochelle, je n'avais plus qu'à résigner mes fonctions. Gambetta me donna carte blanche et, avec son autorisation, j'expédiai le 22 octobre les deux dépêches suivantes :

1° « A commissaire défense nationale à Niort.

» Vous n'avez pas qualité pour donner ordre aux » arsenaux de délivrer des armes ou du matériel. » Faites réintégrer immédiatement à l'arsenal de la » Rochelle les trois mille fusils Chassepot que le di- » recteur a eu le plus grand tort de vous expédier, » ainsi que les cinq cent quatorze envoyés à Roche- » fort pour l'artillerie de la garde mobile ; l'artillerie » est faite pour tirer le canon et non le chassepot. »

2° « A directeur artillerie La Rochelle.

» Il est inouï que vous ayez cru devoir, sans un » ordre de moi, expédier des chassepots à Niort et » à Rochefort. Je prescris de faire rentrer ces fusils » à l'arsenal de la Rochelle. Veillez à l'exécution » de cet ordre. Je me réserve d'ailleurs de prendre » une mesure sévère pour prévenir de la part des di- » recteurs d'artillerie le retour de semblables abus. »

La mesure sévère dont il est ici question fut le renvoi du directeur d'artillerie dans une place éloignée. On peut penser si M. Ricard fut ému, en recevant la dépêche qui lui était destinée, et en apprenant la mesure dont le directeur d'artillerie était l'objet. Il partit immédiatement pour Tours et alla trouver Gambetta, qui arrêta sa plainte dès les premiers mots en lui disant : « Ceci ne me regarde pas, j'ai une con- » fiance entière dans le colonel Thoumas, adressez- » vous à lui ; ce qu'il fera sera bien fait. » Je reçus donc la visite de M. Ricard. Avec sa haute intelligence, il comprit très bien la situation et fit amende honorable avec la plus entière bonne grâce. « Il est bien » pénible pour moi, me dit-il, d'avoir à reprendre » les fusils que j'ai fait distribuer, et j'aurai à entendre bien des récriminations; mais vous rendez » de tels services à la défense nationale que je ne » saurais aller contre vos intentions. L'ordre de » M. Gambetta est d'ailleurs formel, je vous demanderai seulement une faveur : c'est de revenir sur » l'ordre de déplacement infligé au directeur d'artillerie, qui n'a été coupable que d'une trop grande » déférence envers un commissaire, revêtu soi-disant » de pouvoirs dictatoriaux. » A partir de ce jour, je n'eus avec M. Ricard que d'excellentes relations ; il est impossible d'imaginer plus de bienveillance et plus de courtoisie qu'il m'en témoigna à Versailles, pendant la réunion de l'Assemblée nationale, et jusqu'au jour où, après la constitution du ministère libéral dont il était l'âme, la France eut le malheur de le perdre. Et cependant qui s'en souvient aujourd'hui !

Cet épisode montre suffisamment à quel point j'avais les coudées franches, sous l'autorité supérieure de Gambetta. Un autre exemple le montrera encore mieux. La ville de Toulouse possédait pour commissaire de la défense nationale, dans la Haute-Garonne et les départements voisins, un des républicains les plus anciens et les plus avancés en opinion politique,

M. Duportal, dont le fils, ingénieur des ponts et chaussées, résidait dans la même ville. L'effervescence révolutionnaire avait occasionné à Toulouse des troubles assez violents, pendant lesquels le respectable général Courtois-d'Hurbal, commandant la division, avait été arraché de son hôtel, maltraité par la populace et conduit à la gare au milieu des insultes et des vociférations. L'artillerie y était commandée par le colonel de Croûte, qui était en même temps le directeur de l'arsenal ; cet officier supérieur apportait le plus grand zèle dans l'exercice de ses doubles fonctions. Grâce à lui, comme je le dirai plus loin, la garnison de Toulouse fournit aux armées de nombreuses batteries, organisées avec une rapidité dont j'aurai à citer des exemples remarquables.

Je ne dirai pas que le colonel de Croûte fût dans d'excellents termes avec le commissaire du gouvernement, mais enfin il y avait entre eux comme une sorte de *modus vivendi*, permettant la marche plus ou moins régulière des affaires importantes. Cependant le colonel avait dû plusieurs fois résister à des exigences inadmissibles. Un jour, poussé à bout sans doute par quelques fins de non-recevoir, le commissaire rendit tout simplement un arrêté aux termes duquel le colonel de Croûte était destitué et remplacé dans les fonctions de directeur par le jeune Duportal. Le commissaire n'ayant pas jugé à propos d'avertir le ministre de ces mesures, et le colonel de Croûte destitué n'ayant pu le faire, nous ne fûmes informés de la situation que par une lettre du trésorier-payeur général, rendant compte de l'embarras dans lequel il s'était trouvé vis-à-vis d'un mandat signé : Duportal, directeur d'artillerie. Pressé par les circonstances et par les ordres impérieux du commissaire, il avait cru devoir faire accueil à ce mandat, bien que la somme à payer fût considérable, mais il priait le ministre de vouloir bien régulariser le payement en visant le mandat. On sait, en effet, que les directeurs d'artillerie ne sont ordonnateurs que comme délégués du ministre de qui, en fait, émanent tous les ordonnancements.

Je portai immédiatement cette dépêche à Gambetta, qui accepta toutes mes propositions et signa lui-même le télégramme par lequel il enjoignait au commissaire de cesser tout abus de pouvoir et de restituer la direction de l'artillerie au colonel de Croûte. J'écrivis en même temps et en son nom au trésorier-payeur général que, pour cette fois, le ministre approuvait le versement de fonds qu'il avait fait entre les mains de M. D..., mais qu'à l'avenir tout payement de ce genre lui serait laissé pour compte. Les choses furent promptement rétablies et M. Duportal, voyant qu'on était disposé à lui tenir tête, ne commit plus de nouvel abus de pouvoir. L'ingénieur nommé directeur, malgré lui peut-être, ne souleva aucune difficulté.

La fabrication du gros matériel nous donna infiniment moins de peine que celle des armes portatives et de leurs munitions. Outre que les arsenaux n'avaient pas été complètement dépouillés et qu'ils offraient de grandes ressources pour la fabrication, nous trouvâmes des auxiliaires puissants dans les arsenaux de la marine et dans les ateliers des constructions navales. Je parlerai plus loin des résultats obtenus. On ne se contenta pas de mettre en ligne le plus grand nombre possible de canons de 12, de 8 et de 4 rayés de campagne ; on installa en outre la fabrication des canons à balles et des canons de 7 se chargeant par la culasse, conformes au modèle inventé par le colonel de Reffye; en sorte qu'il existait, au moment de l'armistice, vingt et une batteries de canons à balles, soit cent vingt-six mitrailleuses, et neuf batteries de 7 se chargeant par la culasse, soit cinquante-quatre canons de 7. Cette fabrication avait été organisée et dirigée par M. le colonel de Rèffye, qui avait installé ses ateliers dans l'usine de M. Voruz, à Nantes. Il est impossible d'imaginer plus d'activité et plus d'ingéniosité que M. de Reffye n'en déploya à cette occasion. Inspirant la plus grande confiance à MM. Gambetta et de Freycinet, ayant d'ailleurs, comme la plupart des inventeurs, une indépendance d'allures quelque peu incompatible avec les règles ordinaires de la hiérarchie, il correspondait souvent par voie directe avec le ministre ou avec son délégué. Sous prétexte que le service des canons à balles différait essentiellement de celui des bouches à feu et que cet engin n'était pas, à proprement parler, de l'artillerie, ce qui, au fond, était la vérité, il leur proposa de former un régiment spécial, dont le personnel serait exclusivement chargé des canons à balles et indépendant de l'artillerie. Je m'opposai complètement à l'exécution de ce projet, qui créait dans l'armée une spécialité inutile et encombrante.

Il est vrai qu'à Paris, un corps de mitrailleuses fut institué sous les ordres du commandant Pothier, élève et adjoint du colonel de Reffye, mais les conditions d'une place investie ne ressemblent nullement à celles de plusieurs armées en campagne, et il n'aurait servi à rien de réunir, en un corps indépendant, toutes les batteries de canons à balles organisées en province, puisque ces batteries devaient être disséminées dans les différents corps d'armée. Je fus d'ailleurs, je l'avoue, un peu vexé contre l'excellent colonel de Reffye qui, inconsciemment, venait se jeter en travers de nos travaux d'organisation, et je lui adressai un télégramme à peu près ainsi conçu :

« Si vous voulez ma place, prenez-la, je n'y tiens » pas beaucoup ; mais tant que j'y serai, mêlez-vous » de vos affaires et non des miennes; votre rôle est » assez beau et vous vous en acquittez trop bien » pour que vous ayez besoin d'empiéter sur celui » des autres. »

C'était un peu raide. Le colonel de Reffye heureusement était trop intelligent et trop absorbé dans ses inventions pour se formaliser, et le nuage se dissipa bientôt entre nous. J'aurais été désolé de le fâcher sérieusement, car il était certainement mon plus précieux auxiliaire, en ce qui concerne la construction du matériel. Je lui disais, un jour qu'il était venu me voir : « Vous êtes le seul qui me parliez au présent et qui me disiez : « Telle chose est « faite, tel objet est terminé, telle batterie est prête ; » les autres me parlent toujours au futur et me disent : « Telle batterie sera bientôt prête ; tel matériel sera » bientôt achevé. »

Cependant, la ville de Nantes ou plutôt ses communications avec le reste de la France nous semblaient menacées ; le colonel de Reffye n'avait d'ailleurs pas dans l'usine Voruz les coudées assez franches. Il fut invité à rechercher une autre installation dans une région entièrement à l'abri des atteintes de l'ennemi. Après une assez longue inspection, il jeta son dévolu sur Tarbes, où l'industrie ne lui offrait pas de grandes ressources, mais où il lui semblait possible de créer à peu de frais un établissement entièrement neuf, outillé à sa guise. Ses propositions furent acceptées ; on acheta les terrains nécessaires et, au bout de très peu de temps, sous l'impulsion énergique du colonel de Reffye, les nouveaux ateliers de Tarbes purent fonctionner. Pour leur fournir des hommes de corvée et des attelages, on envoya à Tarbes les dépôts des deux régiments d'artillerie de la garde qui, après la guerre, prirent dans la série des régiments de l'arme les numéros 23 et 24. Telle fut l'origine de l'atelier et de l'école d'artillerie de Tarbes.

De juillet à septembre 1870, l'artillerie avait fourni aux armées et aux places fortes deux cent six batteries attelées, représentant douze cent trente-six bouches à feu. Ainsi que je l'ai dit plus haut, six batteries seulement, dont cinq en Algérie, restaient disponibles dans les départements, à la date du 17 septembre. Les treize dépôts libres donnèrent, du 17 septembre au 1er février 1871, cent soixante-deux batteries attelées, montées ou à cheval, auxquelles il convient d'ajouter vingt et une batteries mixtes, servies par l'artillerie de marine et attelées par le train d'artillerie, douze batteries à balles de l'artillerie de la garde nationale mobile, quinze batteries attelées de l'armée du Nord, formées avec les ressources de la région, et au moins vingt-huit batteries de circonstance, pourvues du matériel français ou étranger. Le nombre des batteries mises en ligne par le service de l'artillerie, dans un intervalle de temps de cent trente et un jours, s'éleva donc à deux cent trente-huit, servant ensemble quatorze cent quatre bouches à feu, à quoi il faut ajouter, pour donner une idée de la totalité du matériel envoyé aux armées, trente et une réserves divisionnaires de munitions d'infanterie et dix parcs de corps d'armée, du personnel de quatre cent soixante hommes et sept cents chevaux pour chaque parc.

Toute l'organisation de ce matériel avait été

l'œuvre particulière de M. le commandant Mathieu, chargé en outre du service si difficile des cartouches, et chef du bureau du matériel depuis que j'étais devenu directeur. Les arsenaux de Toulouse et de Rennes furent ceux qui nous fournirent le plus de ressources.

L'organisation du personnel était confiée à M. le colonel Pourrat. Les cadres lui donnèrent particulièrement beaucoup de peine. D'après une note signée de lui et rédigée au moment de l'armistice, il existait, au mois de juillet, seize cent soixante-dix-huit officiers d'artillerie, y compris les élèves de l'École d'application et les officiers hors cadres ; les nominations faites, de juillet à septembre, portèrent ce chiffre à dix-huit cent quarante-huit. L'armée du Rhin comprit neuf cent cinquante officiers, les 12e, 13e et 14e corps ensemble deux cents, soit onze cent cinquante. Les places assiégées, dont Paris, Metz et Strasbourg, en renfermaient ensemble au moins deux cent cinquante; soit un total de quatorze cents. Il ne restait donc dans les départements que quatre cent cinquante officiers disponibles pour les établissements, les dépôts, l'Algérie et les corps d'armée à organiser. Peu à peu, il nous en rentra environ cent cinquante, évadés d'abord de Sedan, puis de Metz ; on fit de nombreuses promotions, dont la qualité laissa quelque peu à désirer, ce qui donna environ deux cent soixante officiers. Les auxiliaires furent au nombre de cent quatre-vingt-dix. Nous eûmes au total mille cinquante officiers d'artillerie et cent quarante-trois officiers du train d'artillerie.

Quant aux hommes et aux chevaux, il existait, au 16 septembre, quinze cents hommes et dix-huit cents chevaux. Il fut fourni pendant la guerre, par le versement direct dans les corps d'artillerie et du train, vingt-sept mille sept cent soixante-huit hommes, par d'autres services et à l'armée du Nord seize mille six cent soixante et un ; ce qui donne un total de quarante-cinq mille neuf cent vingt-neuf hommes. Il fut acquis d'une part vingt-trois mille six cent trente-huit chevaux, d'autre part seize mille trois cent vingt ; ce qui, avec les dix-huit cents existant primitivement, donne le chiffre total de quarante et un mille sept cent cinquante-huit.

Au moment de l'armistice, il restait encore en ligne deux cent trente et une batteries[1], dont soixante-douze et demie à l'armée de l'Est ou première armée de la Loire, soixante-dix-neuf et demie à la deuxième armée de la Loire, quinze à l'armée du Nord. Ces deux cent trente et une batteries servaient ensemble treize cent quarante-huit bouches à feu, leur personnel s'élevant à trente-quatre mille six cent quarante hommes et trente mille cent quatre-vingt-dix-sept chevaux et mulets.

Cette artillerie improvisée étonna nos ennemis

1. Batteries montées : 96 de 4 ; 56 de 7, 8 ou 12 ; 24 1/3 à balles (mitrailleuses) ; batteries à cheval (à 4 pièces seulement) : 18 de 4 ; batteries de montagne : 30 2/3 ; batteries étrangères : 6.

eux-mêmes par la manière dont elle se comporta et soutint la lutte avec l'artillerie ennemie. Comparée aux autres armes, infanterie et cavalerie, elle avait deux avantages évidents : les canonniers, ralliés autour de leurs pièces, ne marchaient pas à la débandade, même dans les retraites les plus précipitées, et les établissements fournirent des officiers expérimentés, de même valeur en général que ceux de l'armée du Rhin. Le général de Blois, les colonels Robinot-Marcy et Barbary de Langlade, qui furent eux-mêmes bientôt nommés généraux, se distinguèrent particulièrement à la tête de l'artillerie des 15e, 16e et 17e corps d'armée.

La plus grosse difficulté que nous eûmes à supporter pour l'organisation du personnel fut, on aura peut-être peine à le croire, occasionnée par la pénurie des harnais. Il n'y avait en dehors de Paris, au 16 septembre, que le harnachement de sept mille chevaux, y compris les deux équipages de pont et les parcs des 13e et 14e corps d'armée. Au 1er février 1871, quarante et un mille sept cent cinquante-huit chevaux étaient harnachés, mais on n'y était arrivé qu'en comblant les vides de la fabrication française par de nombreux achats faits en Angleterre. Ces achats fournirent avant le 15 février 1871 près de vingt mille harnais ; la commission d'armement livra aussi des harnais provenant d'Amérique, mais généralement en assez mauvais état, de sorte qu'on usa très peu de ces ressources. Pour pouvoir fabriquer des harnais dans les dépôts des corps de troupe et les directions d'artillerie, il fallut exécuter la bouclerie dans les ateliers de la marine, et, les selles faisant un moment défaut, on réquisitionna et on acheta les secondes selles des gendarmes. Enfin, détail infime qui montre bien à quelles humbles difficultés on vient se heurter quelquefois dans un service aussi compliqué que celui de l'artillerie, la fabrication des harnais se trouva suspendue par suite du manque de colle forte. Cette matière était fournie, avant la guerre, par les Ardennes et en particulier par Givet ; l'interruption des communications priva de cette ressource les ateliers de fabrication du harnachement, jusqu'à ce que des industriels eussent établi des fabriques de colle forte.

La formation des cadres en officiers de grade inférieur ne marcha également pas sans encombre. Les dépôts des corps ne pouvaient fournir un nombre suffisant de sous-officiers susceptibles de faire de bons sous-lieutenants ; d'autre part, on n'avait pas le temps de parachever leur instruction. Il fallait donc se contenter de ce qu'on avait, en limitant les choix autant que le permettaient les exigences de la situation. Les généraux commandant l'artillerie dans les garnisons de l'arme, à Rennes, à Bourges, à Toulouse, à Grenoble, à Besançon, reçurent l'ordre d'examiner tous les candidats susceptibles d'être promus au grade de sous-lieutenant, parmi les sous-officiers, anciens sous-officiers, voire même les gendarmes ayant servi dans l'artillerie. Leurs propositions faisaient loi et tous les sujets qu'ils proposaient étaient immédiatement nommés sous-lieutenants, lors même qu'ils ne remplissaient pas toutes les conditions exigées par la loi. En fait, il valait mieux introduire dans les cadres de l'artillerie des jeunes gens n'ayant pas l'ancienneté de grade exigée par la loi, mais intelligents, bien élevés, doués d'une certaine instruction, plutôt que de vieilles culottes de peau d'une ignorance reconnue, sans éducation aucune et manquant autant que les premiers de l'expérience de la guerre.

Cependant, lorsque après la guerre la commission des grades revisa toutes les nominations, elle fit rentrer dans le rang ceux qui n'avaient pas satisfait aux conditions de la loi, malgré les aptitudes dont ils avaient donné les preuves. En revanche, elle conserva d'anciens gendarmes et de vieux adjudants qui ne connaissaient du commandement que le côté policier. Les régiments furent ainsi emplâtrés de braves gens incapables, sans dignité et sans connaissances techniques. J'en ai connu, pour ma part, un qui avait été bon adjudant d'état-major, quoique brutal, très apte à faire balayer les cours du quartier, à constater les retards des sous-officiers se rendant aux sonneries, et à les punir de salle de police ; il parvint jusqu'au grade de capitaine et heureusement fut retraité. Son triomphe était la revue du harnachement, mais il ne comprit jamais rien au tir du canon. Le capitaine chargé de faire les cours aux lieutenants voulut un jour lui expliquer les règles du pointage et lui parla d'un triangle rectangle; il s'aperçut que l'ancien adjudant ne savait même pas ce que c'est qu'un triangle. L'idée d'une figure géométrique, si simple qu'elle fût, était complètement au-dessus de son intelligence, endormie par la longue pratique d'un métier tout machinal et par l'usage modéré, mais persistant des boissons alcooliques.

J'ai connu aussi d'anciens gendarmes nommés sous-lieutenants pendant la guerre; il y en avait quelques-uns vraiment capables et convenables, mais pour le plus grand nombre, je ne sais pas si, tout en embarrassant les cadres de l'artillerie, on a fait leur bonheur à eux-mêmes. Leurs femmes surtout semblaient dépaysées. Le décorum qui leur était imposé par leur nouvelle position était pour elles à la fois gênant et dispendieux. « Quand mon mari » était gendarme, » disait l'une d'elles à la femme du colonel qui lui rendait sa visite, « je pouvais savon- » ner et rincer moi-même le linge de mes enfants, » puis le mettre sécher sur des cordes tendues dans » ma chambre; maintenant je suis obligée d'avoir » recours à la blanchisseuse et à la repasseuse. »

Cette artillerie, entourée de troupes jeunes et inexpérimentées, eut relativement peu de pièces prises par l'ennemi. Parmi les quelques batteries qui tombèrent au pouvoir des Allemands, il y en eut une qui donna lieu à des péripéties intéressantes et je crois devoir en parler ici, quoique les faits se soient passés quand nous étions à Bordeaux.

Le 16e corps comptait dans sa réserve quatre belles batteries de 12, dont les servants et les cadres avaient été fournis par les deux batteries de pontonniers, attachées au grand équipage de pont de l'armée du Rhin, et qui étaient attelées par le train d'artillerie. Au lieu d'agir en masse, ces quatre batteries se trouvaient souvent dispersées dans les divisions d'infanterie dont les généraux commandant, peu confiants dans les batteries de 4 qui constituaient leur artillerie, demandaient à être soutenus par des canons de 12. Or, dans un des combats qui eurent lieu autour de Vendôme, dans le milieu du mois de décembre, un général, dont la division avait à défendre le passage du Loir, demanda une batterie de 12 qui lui fut envoyée sans escorte; il fit placer cette batterie dans une position avantageuse pour battre les abords de la rivière et ne s'en occupa plus, si bien que lorsqu'il fut forcé le soir de se replier, la batterie se trouva complètement isolée.

La nuit venant, le capitaine s'inquiéta et envoya un brigadier demander des instructions au colonel commandant l'artillerie du corps d'armée, lequel lui fit répondre, sans lui envoyer la moindre escorte, qu'il eût à revenir par le même chemin. Le capitaine quitta ainsi son emplacement beaucoup trop tard. « Ses hommes s'étaient enivrés en buvant le vin d'une cave qui leur avait été ouverte, » dit le général

Chanzy, dans son livre sur *la Deuxième Armée de la Loire*. Mes renseignements particuliers ne confirment pas cette assertion. La batterie, ayant les canonniers montés sur les coffres, s'engagea dans un chemin creux, étroit et boueux; elle fut tout à coup entourée par l'ennemi ; les canonniers, embarrassés pour reprendre leurs mousquetons, ne se défendirent pas. Le capitaine, perdant peut-être un peu la tête, courut chercher du secours; quand il revint, ses pièces étaient au pouvoir des Allemands. Une section du génie, commandée par le capitaine Jolly, avait en vain lutté pour les reprendre. Le 11e chasseurs était venu à l'aide de cette section, mais la batterie avait fini par rester aux mains des Allemands. Son capitaine fut le bouc émissaire, chargé des iniquités d'Israël. Le colonel commandant l'artillerie du 16e corps se montra des plus sévères pour lui, et demanda qu'il fût traduit devant un conseil d'enquête. Le conseil se réunit au quartier général de l'amiral Jauréguiberry et conclut à la destitution du capitaine D..., dans un rapport qui fut adressé au ministre.

Heureusement pour le capitaine, j'avais été mis au courant de son affaire par le lieutenant-colonel Carré, qui commandait la réserve d'artillerie du 16e corps. Cet officier supérieur, dont la droiture de caractère ne fut jamais mise en doute, et dont la sévérité était également connue, m'écrivit tout exprès pour prévenir le coup qui menaçait le capitaine D.... Il me démontra que le fait dont on l'accusait était imputable au général commandant la division et surtout au colonel commandant l'artillerie, qui l'avait abandonné sans escorte dans une position isolée. C'est à lui qu'on s'en prenait pour couvrir les fautes commises dans cette journée, bien qu'il ne fût coupable que d'un peu de légèreté. Je fus donc heureux, lorsque le rapport du conseil d'enquête arriva au ministère, d'en constater l'irrégularité flagrante, le colonel commandant l'artillerie, auteur de la plainte, ayant fait partie du conseil. Je fis décider par le ministre qu'il n'y serait donné aucune suite et que le capitaine D..., n'ayant plus de batterie, serait renvoyé à Rennes dans le dépôt du 7e régiment. Il en repartit quelques jours après, à la tête d'une autre batterie, se distingua par sa bravoure pendant le reste de la campagne et fut même proposé pour officier de la Légion d'honneur pendant le siège de la Commune; et voilà comment fut sauvé, dans son avenir et dans son honneur, un homme qui avait failli sombrer par la faute de chefs plus coupables que lui.

Au moment où je venais de faire décider par le ministre la mesure relativement favorable au capitaine D..., je reçus la visite de sa jeune femme qui était accourue de la Rochelle à la nouvelle de son aventure et qui venait tout en pleurs me supplier d'être indulgent pour son mari. « J'ai bien peur » pour lui, dit-elle, car, lorsque je suis partie de

» la Rochelle, on m'a dit : Vous obtiendrez facilement le pardon de votre mari, pourvu qu'il ne » dépende pas du général Thoumas, mais, si vous » avez affaire à lui, vous échouerez, car il est » bien sévère. » Cette réputation de sévérité me venait sans doute de l'affaire Ricard et de la punition infligée au directeur d'artillerie de la Rochelle, pour avoir délivré des fusils sans l'ordre du ministre. Je fus bien heureux, en tout cas, d'avoir provoqué la décision du ministre avant de recevoir la visite de Mme D..., jeune et jolie femme; sans cela, j'aurais été obligé de me montrer cruel ou de paraître céder à ses prières.

Une autre affaire plus grave m'occupa vers le même temps. Lorsque les troupes du 15e corps se retirèrent sur Orléans, le 4 décembre 1870, une brigade qui suivait une route à travers la forêt, croyant voir l'ennemi lui barrer le chemin, abandonna la route frayée pour se jeter dans les chemins d'exploitation, peu praticables à l'artillerie. Deux batteries, l'une de 4 et l'autre de 12, celle-ci servie par l'artillerie de marine, accompagnaient cette brigade. Le général donna l'ordre presque incroyable d'abandonner ces deux batteries, si elles devaient retarder la marche de l'infanterie, et d'emmener seulement les attelages, après avoir coupé les traits. La batterie de 12 éprouvant quelques difficultés, par suite de l'état boueux des chemins, le capitaine qui la commandait exécuta au pied de la lettre l'ordre du général de brigade, fit couper les traits, laissa son matériel dans la boue et s'en alla avec les attelages. La batterie de 4 qui le suivait s'engagea sous bois et parvint à regagner le corps d'armée.

En voyant arriver la batterie de la marine sans ses pièces, le général de Blois entra dans une violente colère et ordonna au capitaine d'aller, coûte que coûte, chercher son matériel, sous la protection d'un régiment de cuirassiers; il revint quelque temps après, n'ayant pu retrouver son chemin. Ce capitaine était évidemment coupable d'avoir obéi, dès la première difficulté, à un ordre éventuel et contraire aux lois de l'honneur. Comme il appartenait à l'artillerie de marine, nous ne pûmes que le renvoyer de l'armée pour rejoindre le corps dont il faisait régulièrement partie. Malgré une note où les faits que je viens de relater étaient exposés sans détours, il fut, un mois environ après les combats livrés sous Orléans, nommé officier de la Légion d'honneur, nomination peu encourageante pour ceux qui avaient fait leur devoir. Ce qui aggravait en effet la faute de ce capi taine, c'est qu'un fait assez singulier démontra la facilité avec laquelle il aurait pu ramener sa batterie : un maréchal des logis de lanciers et un sergent de zouaves, revenant par la forêt, avaient ramené à bras une des six pièces abandonnées et avaient pu la reconduire jusqu'au bivouac de la division.

Quant au général de brigade qui était responsable

de l'accident par suite de l'ordre qu'il avait donné, ordre non seulement contraire aux vrais principes de la guerre, mais encore intempestif en lui-même, car aucune troupe ne barrait à la colonne la route d'Orléans, on demanda en vain qu'il fût traduit devant un conseil d'enquête, et plus tard, s'il y avait lieu, devant un conseil de guerre. Je ne sais trop pour quelles raisons cette demande, très nettement formulée et fortement motivée, fut rejetée presque sans examen, ou plutôt je ne peux pas trop approfondir cette question qui se rattache à des rivalités d'armes et à des camaraderies d'école.

Je me suis laissé aller, dans le récit de ces épisodes, à devancer l'ordre chronologique des faits qui n'a pas d'ailleurs ici une grande importance, puisque je n'écris pas l'histoire de la délégation, mais bien celle de mes propres impressions. Je n'ai pas encore parlé des tribulations infligées au plus respectable et au plus loyal des hommes, M. le général Fiérech, chargé d'organiser la défense à l'ouest de Chartres, avec pleins pouvoirs pour former des corps de troupe d'infanterie et de cavalerie. Il venait souvent à mon bureau et se plaignait des entraves apportées à l'accomplissement de sa mission par l'incohérence des ordres et par les tendances particularistes des autorités locales. Après la capitulation de Metz, un officier supérieur d'artillerie qui s'était évadé de cette place eut le tort d'accepter de Gambetta la mission d'aller surveiller le général Fiérech, qu'on accusait de tiédeur, et de stimuler son ardeur. Lorsque cet officier arriva auprès du général, assis à son bureau, celui-ci ouvrit un tiroir, en sortit un revolver et dit froidement à l'envoyé de Gambetta : « Si vous ne » vous retirez pas sur-le-champ, je vous brûle la cer» velle. » L'officier supérieur revint à Tours et le général Fiérech, relevé de ses fonctions, rentra chez lui, ayant fait pour la réalisation d'une tâche impossible une dépense inutile d'énergie.

L'officier supérieur distingué dont je parle s'était évadé de Metz, déguisé en prêtre, en quittant la ville avant l'heure où, aux termes de la capitulation, les officiers devaient se constituer prisonniers au polygone de Chambière. Il fut nommé plus tard commandant de l'artillerie d'un corps d'armée et devint général de division; il avait eu dans l'affaire du général Fiérech un instant d'erreur qu'il reconnut lui-même et qu'il racheta noblement. Son évasion s'était passée sans incident fâcheux et sans autres difficultés que les instances des curés, auxquels il demandait chaque soir asile, pour lui faire dire sa messe le matin avant de partir. Il avait du reste très bien jugé le rôle de Bazaine, et je n'ai jamais entendu depuis lors exposer les péripéties du siège de Metz aussi clairement qu'il le fit devant nous. Un autre officier supérieur se déguisa en maquignon et sortit en conduisant un convoi de chevaux. Tous nous apportèrent des nouvelles intéressantes.

Il y eut à ce moment à Tours une affluence extraordinaire de visiteurs et, à côté de gens réellement dévoués, nos bureaux furent assaillis par une foule d'importuns dont certains, sous prétexte de nous offrir leurs services, venaient évidemment pour nous espionner. Nous mourrons d'envie de les jeter à la porte, mais nous étions obligés d'y mettre des formes pour nous en débarrasser, car ils étaient toujours plus ou moins recommandés par quelque personnage et ils n'auraient pas manqué de crier que nous ne voulions pas sauver le pays si nous ne les avions pas écoutés.

Parmi les visiteurs les plus assidus et les mieux recommandés que nous eûmes à subir, mon attention fut appelée sur un individu qu'on me représenta comme ayant joué un singulier rôle à Metz, où il passait pour servir d'intermédiaire entre Bazaine et le prince Frédéric-Charles ; un de mes parents, qui avait habité Metz pendant le siège et rendu de brillants services comme éclaireur volontaire, insistait particulièrement pour que j'eusse à me débarrasser du personnage. Celui-ci ne laissait pas d'ailleurs de m'être suspect. Il revenait constamment à mon bureau ou à celui de mes officiers, sous des prétextes toujours meilleurs les uns que les autres, prenait un intérêt par trop vif à nos travaux et, quand il ne trouvait plus personne à qui parler, s'installait à une table pour faire sa correspondance. Un jour, je crus m'apercevoir qu'il cherchait à mettre dans sa poche du papier à en-tête du ministère. Je le fis dès lors surveiller tout spécialement par un planton, qui avait pour mission de l'empêcher d'écrire ou de prendre du papier. On trouvera sans doute que l'accès des bureaux était bien facile, mais il en était de même pour tout le ministère et la maison que j'occupais avec presque tout mon personnel était vaste et remplie de monde.

Voulant en finir avec notre gêneur, j'allai trouver M. de Freycinet et je lui exposai mes craintes, en l'engageant vivement à user du droit que lui donnait l'état du siège pour éloigner un homme réputé dangereux. « Avez-vous des preuves que ce soit un » espion? me demanda le délégué. — Non, lui ré- » pondis-je, je n'ai que des indications et des proba- » bilités. — En ce cas, nous ne pouvons rien faire. » — Comment! m'écriai-je, le soin de la sûreté du » pays ne vous confère aucun pouvoir? Je ne vous » propose pas de maltraiter l'individu en question, » mais seulement de le mettre hors d'état de nous » nuire. »

La chose en resta là et notre personnage ne tarda pas à s'éloigner de lui-même. Je ne dis pas formellement qu'il fût un espion, mais il était au moins fort curieux de savoir ce que nous faisions. En général, ce gouvernement de la Défense nationale, qu'on a traité de dictature, montra la plus grande mansuétude. Si celui dont je viens de parler ne fut pas un espion, il y en a bien d'autres qui ne se gênaient pas et qu'on ne gênait pas pour exercer ce métier.

La victoire de Coulmiers, sans avoir procuré tous les résultats qu'on en avait espérés à l'avance, avait eu du moins l'avantage de nous remettre en possession de la ville d'Orléans qui domine le passage de la Loire; mais l'armée de Frédéric-Charles, victorieuse de Metz, s'avançait à grands pas, et il était urgent de profiter du succès obtenu par nos armes pour essayer de débloquer Paris. C'était là une question de haute stratégie dans laquelle je n'eus jamais à intervenir, et que je ne connus guère que par les récits du cabinet de M. de Freycinet. Le général de Loverdo n'en savait, je crois, pas plus long que moi. Je fus seulement averti, le 28 ou le 29 novembre, qu'on se préparait à une manœuvre importante, ayant pour objet de chasser les Allemands qui faisaient face à l'armée de la Loire. Pendant qu'on discutait sur le plan d'opérations, les Allemands se concentraient, et le camp retranché établi au nord d'Orléans, sous la protection de redoutes armées de canons de la marine, était menacé d'une attaque. On résolut de la devancer, et le 16e corps, qui occupait la gauche de l'armée, engagea le combat, le 1er décembre, à Villepion; il obtint un succès complet.

Dès le premier avis, j'avais prescrit au capitaine Thoumas de partir avec un fort train de munitions qu'il devait conduire jusque dans la gare d'Orléans. Ses instructions portaient qu'en cas d'échec il se retirerait sur Beaugency. La nouvelle du combat de Villepion fut promptement divulguée, et la dépêche télégraphique par laquelle le général Chanzy annonçait ce brillant succès nous fut communiquée sans retard ; elle rendait justice à l'artillerie qui, suivant l'expression même du général, avait été d'une audace et d'une précision qu'il ne pouvait trop louer. Mais, les deux jours suivants, nous restâmes sans nouvelles. J'allais souvent au cabinet du ministre, où je trouvais des visages un peu inquiets, n'annonçant cependant rien de grave. Le 4 au soir, en allant dîner, j'entrai chez M. de Freycinet. Cette fois, je le trouvai fortement abattu, et franchement il y avait de quoi : « Votre fils se trouve à Orléans? me demanda M. de » Serres. — Oui, lui répondis-je. — A-t-il des ordres » en cas de retraite? — Je lui ai prescrit de se » replier sur Beaugency en cas d'échec. — Voici, » répliqua M. de Serres, la dépêche que nous venons » de recevoir de M. Gambetta. » Il résultait de cette dépêche, dont je ne me rappelle pas exactement le texte et que M. de Freycinet ne cite pas dans son livre, que la voie ferrée était coupée à La Chapelle, entre Orléans et Beaugency. « Ce point, me fit » observer M. de Serres, se trouve à l'intérieur du » camp retranché ; la ligne des redoutes a donc été » forcée par l'ennemi. Nous n'en savons pas davan- » tage ; la dépêche de M. Gambetta est datée de la » gare de Beaugency, ce qui prouve, pour le moment, » qu'il n'a pas pu aller plus loin. »

Il va sans dire que je partageai l'inquiétude et le chagrin de M. de Freycinet et de M. de Serres. Je m'en fus dîner fort tristement et je retournai dans la soirée savoir s'il était arrivé d'autres nouvelles... Rien! Enfin, après une longue attente, je rentrai chez moi, doublement atteint par une inquiétude croissante, comme père et comme membre de la délégation, intéressé plus que tout autre au triomphe de la cause nationale; néanmoins, j'étais tellement fatigué que je ne tardai pas à m'endormir.

Vers deux ou trois heures du matin, j'entendis la porte s'ouvrir et je vis mon fils entrer dans le salon qui nous servait de chambre à coucher. Il était consterné et me fit un récit navrant des événements dont il venait d'être témoin. En quittant Tours, plein d'enthousiasme, car on avait à ce moment confiance dans le succès, il avait conduit son train dans la gare d'Orléans, conformément à ses instructions et avait, après la bataille du 2 et le combat du 3 (bataille de Loigny et combat de Chevilly ou plutôt d'Artenay), distribué une grande partie de ses munitions. Il avait ensuite assisté au désarroi causé par la défaite du 4 décembre et demandé en vain des ordres. Lorsqu'il vit que la retraite était complète et la prise d'Orléans imminente, il fit charger dans les wagons disponibles de son train un grand nombre des blessés qui encombraient la gare et se tint prêt à partir avec ce train. Le colonel directeur du parc du 15ᵉ corps, à qui M. le général Martin des Pallières a donné l'honneur de l'acte accompli par mon fils et avec qui celui-ci avait passé les nuits et les deux journées précédentes, ne savait quels ordres lui donner. De plus, on lui représentait les lignes comme devant être coupées dans toutes les directions. Le capitaine T... prit son parti et résolut de tenter quand même d'emmener son train vers Beaugency, plutôt que de le laisser prendre dans la gare d'Orléans. Il y fit atteler une locomotive, malgré les résistances du chef de gare, monta sur cette locomotive et, s'étant assuré du bon vouloir du mécanicien, lui prescrivit de partir à toute vapeur.

L'obscurité devenait de plus en plus épaisse ; elle n'était cependant pas assez intense pour empêcher de distinguer une masse de cavaliers, recouverts de leurs manteaux, qui traversaient la voie ferrée au passage à niveau de La Chapelle. Ils se dirigeaient au galop vers la Loire, comme pour tourner la ville. Le mécanicien hésita et demanda ce qu'il devait faire. Mon fils lui ordonna d'augmenter encore la vitesse du train, afin de chercher à franchir l'obstacle, quoi qu'il dût advenir. A l'approche de la locomotive, les chevaux des cavaliers ennemis se cabrèrent, on entendit des vociférations, des coups de fusil partirent, les balles sifflèrent (plusieurs blessés, paraît-il, furent atteints dans les wagons), mais le train put continuer sa marche malgré des traverses placées sur la voie et qui, vu la rapidité de l'allure imprimée à la locomotive, ne produisirent que de forts soubresauts. Toutefois, un ressort de la machine ayant été cassé, la marche devint très difficile et c'est à grand'peine que le train put arriver jusqu'aux abords de la gare de Beaugency. Il y suivait de près le train de M. Gambetta qui avait dû revenir sur ses pas, après une tentative infructueuse pour entrer dans Orléans. Mon fils, je dois le dire, ne me donna pas tous ces détails, qui ne furent connus que le surlendemain par le récit du mécanicien.

Aussitôt levés, le 5 au matin, nous nous rendîmes chez M. de Freycinet, où se trouvait Gambetta qui avait passé de mortelles heures d'attente dans la gare de Beaugency, jusqu'à ce que le capitaine T..., descendu de sa locomotive et circulant à grand'peine au milieu d'un dédale de wagons, vînt lui apporter des nouvelles d'Orléans et lui annoncer l'évacuation de cette ville par les troupes du général d'Aurelles. Gambetta comprit alors que tout était fini et rentra à Tours désespéré. Quand je le vis dans la matinée du 5, ses yeux étaient gonflés et rougis par les larmes qu'il n'avait cessé de verser pendant toute la nuit ; il me serra la main avec une énergie concentrée, et resta silencieux pendant quelques instants. Quoi qu'on puisse dire de cet homme, je dois certifier, pour l'avoir vu dans cette circonstance et dans plusieurs autres, qu'il aimait passionnément son pays, et son patriotisme ardent efface complètement à mes yeux les quelques erreurs qu'il a pu commettre.

J'achève l'histoire de mon fils. Il ne m'avait

raconté que très brièvement, comme je l'ai déjà dit, ce qui lui était arrivé entre Orléans et Beaugency; le rapport du mécanicien en fit connaître le détail; un décret du gouvernement les mit tous les deux à l'ordre de l'armée, pour bravoure déployée devant l'ennemi, et plus tard, en souvenir de ces événements, mon fils reçut la croix de chevalier de la Légion d'honneur; le mécanicien avait déjà vu sa citation à l'ordre de l'armée remplacée par la médaille militaire.

A partir du 5 décembre, nous fûmes mis au courant des événements qui s'étaient passés autour d'Orléans et qui avaient amené la scission de l'armée de la Loire en deux parties à peu près égales, l'une sur la rive droite, composée des 16e et 17e corps, bientôt grossie par le 21e, sous les ordres du général Chanzy; l'autre sur la rive gauche, formée des 15e, 18e et 20e corps, sous le commandement du général Bourbaki. Les troupes de Chanzy reçurent le nom de 2e armée de la Loire. Le général Robinot-Marcy prit le commandement de l'artillerie de cette armée et fut remplacé à l'artillerie du 16e corps par le lieutenant-colonel de Noue (nommé colonel au titre provisoire). L'artillerie du 16e corps avait reçu d'ailleurs une organisation tout à fait semblable à celle du 15e, savoir trois batteries de 4 par division d'infanterie et une réserve comprenant quatre batteries de 12 et trois batteries à cheval de 4. Deux des batteries de 12 étaient servies par le personnel des batteries à pied et attelées par des compagnies du train d'artillerie.

Le 17e corps, de formation plus récente et dont une partie s'était couverte de gloire à la bataille de Loigny, sous les ordres du général de Sonis et du colonel de Charette, avait une artillerie analogue : trois batteries de 4 par division d'infanterie et une réserve de quatre batteries de 8. Le 21e, qui n'entra en ligne qu'après la défaite d'Orléans et qui fut, pour ainsi dire, improvisé, sous le commandement du capitaine de vaisseau Jaurès, général de division auxiliaire, avait une artillerie beaucoup plus compliquée, dans la composition de laquelle entraient des batteries de douze, de quatre, et des canons à balles et de montagne, servis par des troupes de l'artillerie de terre, de l'artillerie de marine, et de la garde mobile. Le colonel Suter, échappé au désastre de Sedan, commandait l'artillerie de ce corps d'armée. Pour donner une idée de l'activité qu'il fallut déployer pour la formation de cette artillerie, je crois devoir reproduire la dépêche suivante, citée dans le livre de M. de Freycinet. Cette dépêche, adressée au général Jaurès et datée du 22 novembre au soir, était ainsi conçue :

« Je vous fais successivement expédier deux batteries de 4, venant de Rennes, trois batteries de 4 » venant de Carentan, deux de 4 de Bony et une à » balles (mitrailleuses) de Bony. D'autre part, vous » devez avoir deux batteries de 12 montées et trois

» autres de 12 que vous pourrez faire atteler par » des réquisitions, comme l'ordre en a été donné » il y a un mois. Total : treize batteries. En outre, » vous recevrez incessamment trois ou quatre batte- » ries de montagne. »

Je crois avoir raconté que l'emploi de ces batteries de montagne fut proposé par le général Martin des Pallières, frappé des difficultés que les batteries de campagne avaient à se mouvoir dans les terrains détrempés. Habitué, comme commandant des troupes de la marine, à faire la guerre avec des batteries de débarquement, il en fit créer, je crois, vingt-quatre, dans la prévision d'une campagne d'hiver, avec une composition réduite, les pièces étant attelées et non portées à dos de mulets. Ces batteries rendirent très peu de services ; une d'elles cependant se distingua, au commencement de décembre, au combat de Monnaie dans lequel le général Ferri-Pisani repoussa un détachement allemand qui marchait sur Tours.

Tout le mois de décembre fut marqué par la glorieuse résistance du général Chanzy, d'abord sur la ligne Josnes-Beaugency, puis sur celle du Loir, et par sa retraite sur le Mans. Le ravitaillement de son armée en munitions nous donna beaucoup de mal ; les officiers chargés du service des trains durent se multiplier, pour se trouver aux points désignés par le général Chanzy et où les troupes allaient directement chercher des approvisionnements, notamment à Mer. Chaque jour, pour ainsi dire, nous recevions des dépêches pressantes, semblant indiquer que les munitions allaient manquer. M. de Freycinet ou Gambetta lui-même, inquiet, nous transmettait ces dépêches, en nous adressant, pour nous faire redoubler d'activité, des objurgations bien inutiles, car il était impossible d'apporter plus de zèle et d'énergie à cette œuvre de ravitaillement que n'en mettait le personnel sous mes ordres. Nous remplissions, à proprement parler, le rôle du grand parc avec nos trains de munitions que, pendant toute cette partie de la guerre, nous dirigions à notre gré. Plus tard, l'état-major général de l'armée régla lui-même la marche et le stationnement de ces trains, mais il le fit sans nous prévenir, de sorte qu'au début il se produisit sinon des conflits, du moins des ordres contradictoires qui donnèrent lieu à un échange de dépêches assez désagréables pour nous. Tout rentra bientôt dans l'ordre.

En général, une grande partie des efforts considérables auxquels tout le monde se livra dans cette lutte pour la défense nationale, échoua faute d'une concentration suffisante. Nous eûmes du moins la satisfaction de ne subir aucun reproche pour cette œuvre difficile et délicate du ravitaillement, accomplie, contrairement à tous les précédents, par les bureaux mêmes du ministère. Bien plus, je reçus à ce sujet, après la guerre, le témoignage le plus précieux. C'était à Versailles, pendant le séjour de l'Assemblée nationale; je causais avec le général Chanzy des attaques dont la délégation de Tours et de Bordeaux était l'objet :

« On a voulu, me raconta-t-il, me faire dire, devant » la commission chargée du recensement des res- » sources existant au 15 février 1871, que j'avais » échoué par suite de la pénurie des munitions. » J'ai répondu que je n'en avais jamais manqué, et » cependant, ai-je ajouté, ce n'est pas une consom- » mation que nous avons faite, mais une véritable » orgie. »

C'est un exemple de plus de la manie que nous avons en France d'expliquer toutes nos défaites par le manque de munitions, quand ce n'est pas par la trahison.

L'honorable M. Corbon, mort sénateur, était, au début de la guerre de 1870, c'est-à-dire depuis le 4 Septembre, maire du VIIe arrondissement de Paris. Il m'a raconté que, le jour du combat de Châtillon, le 19 septembre, on arrêta plusieurs hommes du 4e régiment de zouaves qui, dans leur déroute, étaient parvenus jusqu'à la rue de Grenelle; ils prétendirent qu'ils avaient été trahis et qu'on ne leur avait pas donné de cartouches; on les fouilla et on trouva qu'ils en avaient chacun près de cent.

Par un singulier contraste, la guerre fait naître à la fois dans le cœur de l'homme les plus nobles sentiments d'abnégation, de dévouement, de confraternité et les passions les plus viles, la lâcheté, l'égoïsme, l'oubli de toute pudeur dans l'instinct de la conservation. Ce contraste se présente surtout dans les guerres malheureuses, avec un peuple impressionnable, surpris par la défaite, avec des soldats improvisés qui ne savent pas encore ce que c'est que de se sentir les coudes dans le rang. Certes, la guerre de 1870-1871 a donné lieu à des actes d'héroïsme individuels ou collectifs, mais, à côté de cela, nous avons eu de bien tristes exemples de découragement et d'absence de patriotisme. Il serait inutile de vouloir le dissimuler, il faut connaître une plaie pour essayer de la guérir, et le mal qu'on enferme risque d'éclater plus tard en augmentant d'intensité.

Lorsque le général Chanzy, après les combats livrés à Vendôme et sur le Loir, vint prendre position en avant du Mans, les régiments furent envoyés tour à tour dans les casernes de cette ville, afin d'être inspectés et de recevoir tout ce qui leur manquait. En conséquence, je donnai ordre à un capitaine d'artillerie, en qui j'avais toute confiance, de se rendre au Mans, avec mission de pourvoir les soldats du nombre réglementaire de cartouches dont ils devaient être porteurs. Je fis en même temps diriger sur ce même point des approvisionnements considérables de cartouches. Au bout de quelques jours, le capitaine Rabusseau me télégraphia qu'il était absolument inutile de lui faire de nouveaux envois, attendu que les hommes à qui on avait distribué des cartouches, s'empressaient pour la plupart, lorsqu'ils quittaient la caserne, de s'en débarrasser en les jetant dans les escaliers. Il suffisait de les y ramasser pour les distribuer le lendemain à la troupe qui avait remplacé la première et qui en faisait tout autant. Les soldats qui agissaient ainsi n'avaient évidemment pas grande envie de se battre. Il en était de même de ceux qui brisaient l'aiguille de leur fusil en la refoulant violemment avec la baguette, comme il y en eut un grand nombre, ou qui même jetaient là le fusil pour se dire désarmés ; on en trouva des quantités assez considérables noyés dans des étangs. Au même moment, les troupes qui étaient en présence de l'ennemi sous les ordres du général Chanzy se battaient héroïquement.

Ce n'était pas la première fois que pareille chose arrivait aux armées françaises. Déjà, en 1793, lorsqu'il fallait se retirer devant l'ennemi vainqueur dans le Nord, dans l'Est, et sur la frontière des Pyrénées, des fuyards en proie à la panique arrivaient par bandes dans l'intérieur du pays, tandis que les arrière-gardes, composées des vétérans, des régiments de ligne ou de quelques bataillons de volontaires dévoués, soutenaient bravement le choc de l'ennemi et ralentissaient sa marche jusqu'au jour où nos armées, reconstituées grâce à l'énergie de la Convention et au génie de Carnot, chassaient nos envahisseurs au delà des frontières. Peut-être en fût-il arrivé de même en 1871, si les Allemands ne fussent pas parvenus du premier coup jusqu'au cœur de la France. Après les batailles livrées autour d'Orléans, alors que l'armée de Paris subissait elle-même les échecs de Villiers-sur-Marne et de Champigny, la partie semblait irrévocablement perdue et on ne combattait plus que pour l'honneur. Les quelques jours pendant lesquels l'armée de Chanzy arrêta la poursuite des Allemands devant la forêt de Marchenoir, alors que se livrèrent la bataille de Villorceau, les combats de Villechaumont et de Cravant, de Cernay, de la Villette, de Villejouan, etc., furent les moments les plus glorieux peut-être de la défense nationale. La retraite sur Blois, vu les circonstances où se trouvait le général Chanzy, peut être regardée comme un modèle et fut en tous cas infiniment plus honorable pour l'armée française que la retraite de l'armée du Rhin après la bataille de Frœschwiller.

Par suite des mouvements opérés et des progrès de l'ennemi au delà de Chartres, la ville de Tours, siège du gouvernement, se trouvait menacée; on fit venir rapidement, pour la couvrir, toutes les troupes dont on put disposer, et l'on en forma une brigade sous les ordres du général Camô. Ces troupes, comprenant deux régiments de gendarmerie, l'un à pied, l'autre à cheval, quatre régiments de cavalerie de marche, un régiment d'infanterie de marche, deux régiments de mobiles et des corps de francs-tireurs, manquaient d'artillerie. Les dépôts commençaient à s'épuiser; il fallut adresser aux généraux commandant l'artillerie dans les divisions l'appel le plus pressant et le plus énergique. Les régiments de Rennes, les plus voisins de Tours, fournirent promptement deux batteries, l'une du 7e, l'autre du 10e. Le général commandant l'artillerie à Toulouse se fit fort de livrer deux batteries montées et une batterie à cheval dans un délai de quatre jours ; je répondis à sa dépêche que ce délai était trop long et que le ministre lui prescrivait de faire partir ces trois batteries dans un délai de 48 heures, en espaçant de deux heures les départs et en exigeant de la Compagnie du chemin de fer la vitesse de 40 kilomètres à l'heure. Le général répondit que, moyennant un travail de jour et de nuit, cet ordre serait exécuté. On y mit donc une extrême diligence, mais l'absence de concentration dans les services réduisit à néant les mesures que j'avais prises. Deux jours après celui que j'avais fixé pour le départ des batteries de Toulouse, je reçus à mon bureau la visite des maréchaux des logis chefs de ces trois batteries, qui venaient me rendre compte de leur situation.

Parties exactement, les trois batteries de Toulouse étaient arrivées rapidement à proximité de la gare de Tours, mais, loin de pouvoir pénétrer dans la gare même, les trains qui les portaient avaient pris la file à la suite d'autres trains chargés de personnel, de matériel et d'approvisionnements de toutes sortes. Les trois batteries se trouvaient donc par le fait en rase campagne, à 4 kilomètres au moins de la gare et n'ayant avec elles aucun matériel de débarquement, comme elles en auraient aujourd'hui ; en outre, elles n'avaient ni vivres, ni fourrages. On alla au plus pressé, on fit descendre de chaque train un certain nombre d'hommes qui vinrent à Tours chercher du fourrage et des vivres, puis on se préoccupa du débarquement; mais, en cela, il n'y avait rien à faire que d'attendre patiemment son tour, pendant que les trains qui se trouvaient en tête débarqueraient leur chargement. Or, chose incroyable, la gare était si mal outillée, après deux mois d'existence de l'armée de la Loire, qu'il n'y avait qu'un seul quai devant servir à la fois à l'embarquement et au débarquement des chevaux et des voitures ; quai sur lequel un peloton de cavalerie était l'élément le plus considérable susceptible de débarquer en une fois. Après trois jours d'attente, il fallut se résigner à renoncer au débarquement des trois batteries de Toulouse et les diriger par voie ferrée sur Blois, d'où elles rejoignirent la colonne Camô.

L'absence d'un quai d'embarquement à la gare de Tours paraîtra peut-être incroyable ; elle s'explique par les ménagements infinis avec lesquels le gouvernement traitait les Compagnies de chemins de fer. Je crois bien qu'après l'affaire dont je viens de parler, la Compagnie d'Orléans fut requise de construire immédiatement un quai plus vaste et plus propre à se prêter aux circonstances, mais si ce quai fut jamais terminé, il n'eut pas le temps de rendre de grands services, puisque le gouvernement de la délégation abandonna bientôt Tours, où il fut remplacé par les Allemands.

Il n'était plus possible en effet de prolonger le séjour dans cette ville qui était de plus en plus menacée. Dès le 5 décembre, l'armée placée sous les ordres du général Chanzy était attaquée par le duc de Mecklembourg. Cette armée soutenait bravement la lutte, qui prit le 7 une tournure des plus graves. Cinquante mille hommes, Bavarois et Prussiens, appuyés par quatre-vingt-six bouches à feu, tombèrent sur l'armée française à peine constituée. Ils échouèrent, mais le prince Frédéric-Charles entra en ligne et, après trois jours de combats, pendant lesquels l'avantage nous resta, Chanzy, compromis par la surprise de Chambord, menacé d'être tourné par ses deux ailes, forcé de renoncer au secours des troupes réunies sur la rive gauche et commandées par le général Bourbaki, jugea nécessaire d'abandonner la vallée de la Loire et de se replier sur Vendôme..

Le gouvernement ne pouvait plus rester dans une ville que la retraite de Chanzy allait exposer sans défense à l'invasion des Allemands. Ordre fut donné à tous les employés et fonctionnaires de la délégation de s'embarquer le 8 décembre au soir, dans un train qui devait partir vers dix heures de la gare de Tours. Cette fois, du moins, nous ne partîmes pas sans documents et sans archives ; nous passâmes toute la journée à emballer nos papiers dans des caisses qui furent transportées au chemin de fer et remplirent deux fourgons ; on voit que la paperasserie avait fait des siennes.

Tout étant bien et dûment emballé, nous allâmes à l'hôtel où nous mangions d'ordinaire prendre notre dernier repas. Cet hôtel n'était ni celui du Faisan, ni celui de la Boule d'Or, ni celui de l'Univers, ni celui de Bordeaux, ni aucun des grands établissements en vogue, mais une modeste petite auberge, située près de la gare, en face de la cour du départ, et comprenant, à chaque étage, deux ou trois chambres, et au rez-de-chaussée un restaurant. Il était tenu par un jeune ménage, dont le mari était excellent cuisinier et la femme une belle et charmante personne. Nous y avions pris pension, la famille Pourrat et nous. Les époux Ernest, nos hôteliers, nous témoignaient les plus grands égards ; nous les trouvâmes, ce soir-là, tout consternés, la jeune femme pleurant à chaudes larmes. Toute la ville de Tours était d'ailleurs plongée dans la tristesse et n'envisageait pas sans crainte l'arrivée imminente des Allemands. Après dîner, nos adieux furent des plus touchants et nous ne quittâmes nos hôtes éplorés que pour monter dans le train.

Trois mois après, j'arrivais à Tours avec ma femme et mon fils et j'y étais retenu par la nouvelle des événements de la Commune. Forcés d'y passer la nuit, nous nous rendîmes à notre ancienne pension, inquiets de savoir ce qu'il avait pu advenir du ménage Ernest. Nous trouvâmes le mari et la femme tout guillerets, un peu plus grands seigneurs que pendant notre séjour chez eux et ayant tout l'aplomb des gens qui ont fait fortune. Tel était en effet leur cas. Ils avaient eu à nourrir de nombreux officiers allemands qui n'avaient pas ménagé *les extra*. En outre, ils s'étaient trouvés chargés par un grand nombre d'habitants de fournir les repas des officiers logés chez eux et, à force de confectionner des déjeuners, des dîners et des soupers arrosés de vins fins, ils avaient gagné assez d'argent pour acheter bientôt le plus bel hôtel de la ville. On voit par là, comme on le vit par bien d'autres exemples, que la guerre n'est pas une cause de ruine pour tous les vaincus, et que le malheur des uns fait souvent le bonheur des autres.

Le train dans lequel nous prîmes place était littéralement bondé. Outre les fonctionnaires et employés de la délégation, toutes les personnes qui étaient en mesure de quitter Tours s'étaient empressées de le faire. Le compartiment que nous occupions contenait ma famille et celle du colonel Pourrat, une de nos parentes, qui était venue nous rejoindre à Tours, et un huitième personnage qui ne dit rien pendant toute la nuit, mais qui me fit l'effet de beaucoup écouter.

Le train allait partir, lorsqu'un des adjoints de M. de Freycinet apparut soudain à la portière de notre wagon et me dit d'un ton effaré : « Il vient

» d'arriver une dépêche du général Chanzy qui de-
» mande avec instance des munitions, M. de Frey-
» cinet vous prie de donner les ordres nécessaires;
» on attendra pour faire partir le train que vous ayez
» terminé cette besogne. » J'appelai le commandant Mathieu et je me rendis avec lui et mon fils dans le bureau du chef de gare où, faisant appel à nos mémoires, nous rédigeâmes plusieurs dépêches destinées à donner satisfaction au général Chanzy, puis j'allai rendre compte à M. de Freycinet de l'exécution de ses ordres, et le train se mit en marche. J'avais pris tant de mouvement et j'étais si fort agité qu'étant couvert de vêtements chauds pour passer la nuit en chemin de fer, je me trouvai tout ruisselant de sueur et, par cette nuit froide, n'ayant pas de bouillotte dans le wagon (tout ce matériel était resté à Paris), je me trouvai bientôt glacé et arrivai à Bordeaux absolument malade.

LIVRE III

BORDEAUX

I

L'ARMISTICE

L'hôtel de la division. — Le général F.... — Un projectile incendiaire. — Bon sens de Gambetta. — Les inventions du général B.... — L'armée cuirassée. — Translation de la manufacture d'armes de Châtellerault. — Notre vie à Bordeaux. — L'armistice. — Oubli volontaire de l'armée de l'Est. — Le général Bourbaki. — Le général Clinchant. — Troubles à Bordeaux. — Démission de Gambetta. — Lettre d'un officier supérieur. — Dernier jugement sur Gambetta.

L'arrivée à Bordeaux de la délégation fut peut-être moins pittoresque que notre entrée à Tours. Il faisait encore nuit noire; je me fis conduire avec les miens dans un hôtel de second ordre où rien n'était préparé pour nous recevoir, où le vent sifflait dans de longs corridors et escaliers, et je me couchai dans un lit garni de draps humides ; il n'en fallut pas davantage pour me donner une grippe des mieux conditionnées, avec courbature. La journée fut employée par mes officiers à l'installation de nos nouveaux bureaux. On avait affecté à la direction d'artillerie, toujours un peu choyée, une partie de l'hôtel de la division militaire, situé au bas de la rue Bouffard, tout près de l'hôtel de ville où s'installèrent M. de Freycinet, tous les services qui dépendaient directement de lui, le général de Loverdo et les directions de l'infanterie et de la cavalerie.

Le reste de l'hôtel de la rue Bouffard était réservé au général F..., commandant la division militaire. Ce reste consistait dans tout le premier étage, et une petite salle à manger avec la cuisine et les dépendances, au rez-de-chaussée. Nous avions pour nous deux grands salons, la grande salle à manger, une vaste antichambre et une toute petite chambre à coucher, à côté du moins grand des deux salons. On m'avait rendu compte de cette installation, que j'avais trouvée satisfaisante, et j'étais au lit dans la soirée avec la fièvre, lorsque entra le commandant Mathieu, qui, tout furieux, m'annonça que le général F... avait, de sa propre autorité, repris le plus petit salon avec la chambre à coucher attenante. Je me levai et me rendis en voiture à l'hôtel de la division, où j'eus une assez vive altercation avec le général et où il fallut l'intervention personnelle de M. de Freycinet pour me faire rendre les pièces qui m'étaient affectées. Sans cela je ne sais trop ce que je serais devenu, car je n'aurais pu coucher à côté de mes bureaux, comme le firent tous les autres directeurs, et comme c'était tout à fait indispensable, dans les circonstances où nous nous trouvâmes pendant tout notre séjour à Bordeaux. Mais je fus dans d'assez mauvais termes avec le général commandant la division, et surtout avec sa femme, qui m'en voulait de lui avoir pris son salon. Or elle avait la cuisine, et je ne me rappelle pas sans rire le mystère avec lequel son cordon bleu nous faisait rôtir des volailles, sans lesquelles nous serions morts de faim, n'ayant plus le temps d'aller manger au dehors.

Toutes les émotions que j'éprouvai dans cette soirée de lutte contre le général, emprunté tout récemment au cadre de réserve et imbu des idées les plus rétrogrades, guérirent à peu près mon rhume, ou du moins m'empêchèrent d'y faire plus longtemps attention. Dès le lendemain matin, nous nous arrangeâmes dans le local, plus luxueux que commode, dont nous étions restés les maîtres. Je me donnai, bien entendu, la part du lion, c'est-à-dire le petit salon et la chambre à coucher qui avait une sortie indépendante sur les corridors de l'hôtel. Dans le magnifique salon s'établirent les officiers ; les gardes eurent pour bureau la grande salle à manger, les expéditionnaires furent casés dans l'antichambre et le vestibule fut peuplé de nombreux plantons, destinés à seconder nos deux garçons de bureau. Un paravent dissimula, dans un angle du petit salon, le lit de mon fils qui avait pour mission de recevoir les dépêches pendant la nuit et de me réveiller en cas d'urgence.

La besogne que nous avions accomplie à Tours n'était rien à côté de celle qui allait nous incomber à Bordeaux. Les visites surtout prirent des proportions effrayantes, car, à Tours, nous n'avions que les gens venus de loin, tandis que la population de Bordeaux suffisait pour nous importuner du matin au soir. Au nombre des visiteurs figuraient les inventeurs de toutes sortes. Nous avions déjà, pour nous prémunir contre eux, le cabinet du ministre et la commission d'étude des moyens de défense, mais il n'en passait que trop à travers ces deux cribles ; j'imaginai d'instituer, en outre, un simulacre de comité d'artillerie, présidé par M. le colonel en retraite Lenglier, et composé de trois ou quatre officiers, éclopés glorieusement dans les premiers combats, incapables par conséquent de tout service actif en dépit de leur bonne volonté. Nous n'avions plus alors qu'à opposer aux intéressés la décision du comité de l'artillerie, rarement ou plutôt jamais favorable à leurs désirs. Mais, nous ne pouvions éviter les réclamations ; les uns venaient me les apporter à moi-même, les autres, plus hardis ou mieux appuyés, allaient jusqu'au tribunal de Gambetta ; alors m'arrivait un des jeunes gens attachés à la personne du grand chef de la délégation, à qui j'étais forcé d'expliquer notre décision.

Je me rappelle entre autres un certain lieutenant-colonel d'artillerie, correspondant de l'Institut, se croyant très fort parce qu'il était le neveu d'un illustre savant, et qui pouvait être cité comme un type d'importun et d'entêté. Il était venu à Tours chef d'escadron en retraite, avec sa famille, n'ayant pas grands moyens d'existence, sa fortune consistant en propriétés lorraines ; j'avais eu pitié de lui et je l'avais fait nommer, ou plutôt je l'avais nommé lieutenant-colonel ; il m'en récompensa en m'apportant constamment les propositions les plus saugrenues, toutes destinées à sauver la France. Il finit par devenir si ennuyeux, je dirai presque si grossier dans ses récriminations, que je dus le mettre à la porte, en défendant aux plantons de le laisser entrer à l'avenir ; il sortit en s'écriant qu'il n'était pas étonnant que la France fût vaincue, puisque les gens chargés d'organiser sa défense fermaient systématiquement l'oreille aux propositions des hommes de génie. Comme j'entendais cette phrase à peu près deux fois par jour, elle ne me fit pas grand effet.

J'eus bientôt, à propos d'une autre invention, des désagréments beaucoup plus sérieux. M. de Freycinet parle dans son livre *la Guerre en province*, de nouveaux obus incendiaires, imaginés par le comité d'étude des moyens de défense ; je n'en connais pas d'autres que celui qui fut proposé par un certain chimiste du nom de B... et qui fut en effet patronné par le comité d'études. C'était une sorte d'obus à balles, où les balles ordinaires étaient remplacées par des boules creuses en étain, si je me le rappelle bien, et dans lesquelles on coulait du phosphore. Lorsque l'obus éclatait, le phosphore s'enflammait, les boules se dispersaient et allaient porter partout l'incendie et la souffrance ; je dis la souffrance, car suivant l'expression d'un membre du comité, chimiste lui-même, ces boules de phosphore enflammé devaient occasionner des douleurs atroces aux hommes qui en seraient atteints.

Gambetta fut, paraît-il, séduit par cette invention. Douloureusement affecté par les traitements barbares que les Prussiens venaient d'infliger à plusieurs localités coupables d'avoir logé des francs-tireurs ou d'avoir été le théâtre d'engagements favorables aux Français, il donna l'ordre de faire immédiatement des expériences sur le projectile proposé par le comité d'études. Tant que la question resta dans la période des essais, je n'eus aucune observation à faire. Les expériences eurent lieu à la direction de l'artillerie de Toulouse; elles démontrèrent le bon fonctionnement de l'obus, mais en permettant de constater que sa portée efficace ne dépassait pas mille mètres.

Les expériences terminées, je reçus l'ordre de mettre en commande à Toulouse deux mille projectiles de ce modèle, d'en activer la fabrication et de les expédier aux armées dès que cela serait possible. Je fis alors des objections fondées sur la barbarie du procédé, comparativement à son peu d'efficacité. Il me fut répondu par une note signée de Gambetta lui-même, note dont je n'ai plus le texte sous les yeux, mais dans laquelle il était dit que nous avions affaire à un ennemi cruel, ne reculant devant aucun moyen pour terroriser les populations et les punir au besoin de leur patriotisme, qu'il était de notre devoir de lutter à outrance contre un pareil adversaire et que, n'ayant pas le choix des armes, nous devions les employer toutes. Au reçu de cette note, je rédigeai un télégramme, enjoignant à la direction d'artillerie de Toulouse de commencer immédiatement et de pousser activement la fabrication de deux mille projectiles du modèle désigné, puis je portai cette dépêche à M. de Freycinet pour la lui faire signer. « Pourquoi, me dit-il, ne la signez-» vous pas vous-même ? — Parce que je ne veux » endosser aucune responsabilité à cet égard. Je » considère le procédé qu'on veut employer comme » contraire au droit des gens, il excitera à juste » titre la fureur de l'ennemi et je ne veux pas m'expo-» ser à être pendu le cas échéant. » M. de Freycinet me dit alors : « Je ne peux pas signer cette dé-» pêche parce que ce serait contraire à la règle que » nous avons adoptée ; M. Gambetta doit venir tout » à l'heure ici, vous lui exposerez vos objections. »

Le président de la délégation entra quelques instants après et son délégué lui dit que j'avais à lui parler. Gambetta, prévoyant sans doute le sujet que j'allais aborder, fronça les sourcils de l'air le moins engageant du monde. Je ne me laissai pas intimider, mais je pris la parole avec une certaine émotion; j'avais promis à l'amiral Fourichon et à mes collaborateurs de ne pas déserter mon poste, toutefois je ne voulais, pour le conserver, transiger en aucun cas avec ma conscience; je tenais donc beaucoup à réussir auprès de Gambetta. Après quelques mots sur son éloquence, que j'avais souvent admirée et dont je regrettais de ne pas posséder au moins une parcelle pour parvenir à le convaincre, j'entrai dans le vif de la question :

« Je veux, lui dis-je, vous parler du projectile » incendiaire proposé par le comité d'étude des » moyens de défense. Ce projectile ne rentre pas, à » la rigueur, dans la catégorie proscrite par la con- » vention de Saint-Pétersbourg qui vise les projec- » tiles explosifs de petites dimensions. Ici l'explosion » se produit dans un obus de dimension acceptable » et les boules de phosphore s'enflamment sans faire » explosion; mais, après la combustion du phos- » phore, il reste à terre des boules creuses et déchi- » rées qui ont l'air d'avoir éclaté et qui pourraient » donner le change sur la véritable nature de l'engin. » Nous pouvons donc être certains qu'on nous accu- » sera d'avoir violé la convention de Saint-Péters- » bourg et que l'on exercera contre nous des repré- » sailles, fondées tout au moins sur un motif » plausible. Or, songez ce que pourront être ces

» représailles, lorsque plus de trois cent mille Fran-
» çais sont prisonniers en Allemagne, quand un tiers
» du territoire est au pouvoir des Allemands ; elles
» peuvent être d'autant plus terribles que le procédé
» qui semble vous avoir séduit est un procédé bar-
» bare, occasionnant, au dire même de la commission
» des moyens de défense, les blessures les plus
» cruelles. Encore, s'il était efficace et s'il avait
» chance d'amener la destruction des armées enne-
» mies ! Mais non ; le projectile ne porte pas au delà
» de mille mètres, les canons destinés à le tirer seront
» mis hors de combat avant d'approcher l'ennem
» d'assez près. Veuillez, je vous en supplie, réfléchir
» aux considérations que je viens de vous exposer,
» et dont le bien fondé ne doit pas vous échapper.
» Pour moi, je ne voudrais pas entacher mon nom
» en le mêlant à cette affaire ; à plus forte raison
» vous, qui représentez la gloire de la défense natio-
» nale, vous ne voudrez pas ternir cette gloire par
» l'emploi de moyens réprouvés par la civilisation. »

Gambetta m'avait écouté en silence ; il ne me répondit rien et passa à l'examen d'une autre affaire. Quand la séance fut terminée, je m'approchai de lui et lui demandai des ordres : « Que faut-il
» faire ? lui dis-je. — Rien ; et s'approchant de moi
» il ajouta : Je vous remercie, mon cher général. »

Quelques instants après, j'étais de retour à l'hôtel de la division et, assis à mon bureau, j'écrivais une note, lorsque M. B... m'apporta une lettre, signée de

M. Cendre, ingénieur attaché au cabinet de Gambetta, lequel, ignorant ce qui venait de se passer, m'invitait à me concerter avec ledit B... pour la fabrication de son projectile. « On ne fera pas ce projectile, » dis-je à l'inventeur. — C'est cependant l'ordre » formel de M. Gambetta. — Il a changé d'avis, je » viens de le voir à ce sujet. — Je vois bien que » vous en êtes cause. — Oui, certainement. — Il » n'est pas étonnant (toujours le même cliché) que » la France soit battue, puisqu'elle est menée par » des traîtres. » Sur ce, j'appelai un garçon de bureau et je lui dis : « Faites sortir immédiatement ce » monsieur, et, s'il résiste, que deux plantons l'empoi- » gnent par les pieds et par la tête et le jettent » dehors. » — Je n'ai plus jamais entendu parler de lui.

Voici un fait plus drôle et plus triste en même temps. Un général de brigade, pourvu d'un commandement indépendant, entra un jour dans mon bureau et me dit venir de la part de M. Gambetta pour me faire une communication de la plus haute importance :

« J'ai indiqué à M. Gambetta, me dit-il, un pro- » cédé infaillible pour vaincre les Allemands et il » m'a engagé à venir vous exposer ce procédé. Tous » les généraux ont remarqué que ce qui manque à » nos soldats pour vaincre, c'est la confiance. Il faut » donc, à tout prix, leur inspirer cette confiance. Pour » cela, je leur donne la cuirasse ; tous les hommes de » l'infanterie, de la cavalerie et de l'artillerie seront » revêtus de cuirasses qui les mettront à l'abri des

» balles. N'ayant plus rien à craindre, ils marche-
» ront en avant sans se laisser arrêter par rien.
» — Mais où prendrez-vous toutes ces cuirasses?
» — On les fabriquera. — Mais ce sera long. — Il ne
» s'agit pas de cuirasses en acier ou en fer poli, il
» s'agit de plastrons grossièrement forgés; on n'a
» pas besoin de dossières, des hommes qui n'ont
» rien à craindre ne devant pas tourner le dos à
» l'ennemi. — Où prendrez-vous les ouvriers et le
» fer? — On réquisitionnera tous les forgerons, ma-
» réchaux, serruriers, etc., et on se procurera, éga-
» lement par réquisition, tout le fer nécessaire,
» fallût-il, pour cette besogne patriotique, démolir
» les maisons. »

Je jugeai inutile de perdre mon temps à en écouter davantage et je remerciai le général B..., en l'assurant que j'étudierais son projet, pour adresser un rapport à Gambetta.

« J'ai encore autre chose à proposer, fit-il. L'ar-
» tillerie allemande nous fait le plus grand mal, il
» faut donc chercher à tout prix à lui imposer silence
» en enclouant ses canons. Pour cela, j'ai des troupes
» d'enfants en nombre considérable, portant en
» sautoir une musette remplie de cendres. Les
» canonniers allemands laissent approcher sans mé-
» fiance ces enfants qui leur lancent dans les yeux
» une poignée de cendres, les aveuglant si bien qu'ils
» ne peuvent plus s'opposer à l'enlèvement de leurs
» pièces par une troupe qu'ils ne voient pas venir. »

Là-dessus, le général me salua et me quitta, persuadé comme les autres, mais sans me le dire, que si nous étions battus, c'est parce que je ne voulais pas écouter ses propositions.

A Bordeaux, plus encore qu'à Tours, je restai complètement étranger à la conduite des opérations militaires. Si je constate le fait, ce n'est certes pas pour m'en plaindre, car j'avais une besogne assez pesante et une responsabilité assez grosse pour ne pas désirer voir l'une et l'autre s'augmenter. D'autres préoccupations m'absorbaient. Dans l'accomplissement de ces efforts incessants, nous étions menacés du sort de Sisyphe. Tel rocher que nous avions soulevé retombait sur nous de tout son poids. Ainsi, nous installons la capsulerie de Bourges, à peine commence-t-elle à fonctionner que l'approche de l'ennemi nous force de la transférer à Toulouse. Il en est de même des ateliers du colonel de Reffye à Nantes; ils produisent, après mille difficultés vaincues, des canons à balles et des canons se chargeant par la culasse, mais leurs communications vont être coupées ; vite il faut les déménager et les installer à Tarbes. C'est ensuite la manufacture d'armes de Châtellerault qui nous inspire des craintes ; celle même de Saint-Étienne ne nous paraît pas absolument en sûreté. Après mûr examen, nous nous décidions à préparer à Toulon, dans les ateliers de la marine, l'installation de la manufacture de Saint-Étienne, et à Bayonne, dans de vastes bâtiments qui restaient disponibles, à l'intérieur de la citadelle, celle de la manufacture de Châtellerault. En attendant que nous fussions obligés de recourir à ces mesures extrêmes, je fis étudier tous les détails sur place, et j'acquis la certitude que l'installation à Bayonne présentait trop de difficultés. Nous songeâmes alors aux ateliers de la Compagnie du chemin de fer du Midi, à Bordeaux, et je priai le directeur de la Compagnie, M. Surell, dont la complaisance et le dévouement étaient à toute épreuve, de vouloir bien faire examiner la question. Cette étude était terminée lorsque, l'ennemi prenant possession de la ville de Tours, il devint impossible de conserver la manufacture de Châtellerault qui n'en est distante que de 80 kilomètres. J'écrivis donc le 12 décembre au directeur de cette manufacture :

« Le moment est venu de songer à l'évacuation. » Vous avez un double but à poursuivre : préserver » des atteintes de l'ennemi tout ce qu'il sera possible » d'enlever, en commençant par le plus précieux, et » réinstaller à Bordeaux les moyens de fabrication les » plus essentiels. En outre, il faut agir avec promptitude. Je vous envoie un ingénieur du matériel de la » Compagnie du Midi pour vous aider. Vous ferez » partir tout le personnel dirigeant et contrôlant, » ainsi que les ouvriers engagés et ceux de bonne » volonté. Vous pouvez d'ailleurs vous concerter avec » M. C..., mais, la Compagnie se prêtant avec une » entière bonne grâce à nous aider, il convient de

» tenir compte des observations de son ingénieur. »

L'opération fut menée à bonne fin. Un M. C..., ami politique de Gambetta, s'y employa avec beaucoup de zèle, mais ce zèle n'était pas complètement désintéressé, car M. C... demanda, promptement et sur un ton comminatoire, la récompense sur laquelle il comptait, savoir la croix de chevalier de la Légion d'honneur, qui du reste, je dois le dire, ne lui fut pas octroyée.

L'évacuation de Tours donna lieu à une assez vive discussion pour décider si, à l'approche des Allemands, il convenait de faire sauter une ou deux arches du pont sur la Loire. Une conférence eut lieu à ce sujet dans le cabinet de M. de Freycinet, entre les officiers du génie, le directeur de l'infanterie et moi. Gambetta y assistait. Je m'élevai vivement contre la destruction du pont, que le génie réclamait. Cette destruction ne devait pas, suivant moi, retarder de plus de vingt-quatre heures l'entrée des Allemands à Tours, et elle ne pouvait exercer aucune influence sur leurs opérations futures. Il fallait leur laisser le soin de détruire le pont eux-mêmes, dans le cas où ils viendraient à se retirer; pourquoi faire d'avance leur besogne? Gambetta se rendit à mes raisons, et le pont resta intact.

La manière dont nous étions installés à Bordeaux nous rapprochait beaucoup plus les uns des autres que nous ne l'avions été à Tours; une autre cause de rapprochement consistait d'ailleurs dans l'estime réciproque, résultant d'une lutte contre les difficultés de la situation, supportée en commun grâce à une confraternité dont les liens se resserraient chaque jour. L'emploi de nos journées ne variait pas beaucoup. Dès six heures du matin, j'étais assis à mon bureau; une heure après, tout mon personnel d'officiers et d'employés était au complet; les visites ne tardaient pas à arriver. Les lettres et les télégrammes se succédaient sous ma plume avec une telle rapidité que dix expéditionnaires ne suffisaient pas à les copier. Vers onze heures, on partait pour le déjeuner, en deux fournées pour que les bureaux fussent toujours en activité; moi-même, je mangeais à la hâte sans quitter mon bureau, puis j'allais avec ma femme et mon fils faire ma promenade quotidienne qui durait trois quarts d'heure environ.

A ma rentrée, commençait la seconde séance de travail qui durait jusqu'à minuit, interrompue seulement par quelques visites à M. de Freycinet et au général de Loverdo, ou plutôt au général Haca. Peu de temps après notre arrivée à Bordeaux, Gambetta s'était en effet vu obligé de céder aux injonctions des républicains les plus ardents qui avaient exigé le renvoi de M. de Loverdo, comme suspect à leurs yeux d'opinions antirépublicaines; il fut remplacé par le général Haca, revenu de Metz et à peine rétabli d'une grave blessure qui le privait de l'usage de la main gauche. Avec le général Haca vint, à la direction supérieure de l'infanterie et de la cavalerie, le capitaine

Pierron, ancien chef de cabinet de l'empereur Maximilien, aujourd'hui général de division.

Vers sept heures, je dînais comme je pouvais dans ma chambre, pour ne pas m'éloigner de mon bureau où pleuvaient les télégrammes; mes officiers revenaient vers huit heures et nous nous séparions à minuit après avoir pris ensemble une tasse de thé. Le commandant Mathieu, qui passait devant le bureau du télégraphe, emportait une liasse de dépêches, qui devaient aller, pendant la nuit ou le matin de bonne heure, réveiller une foule de gens par qui j'étais envoyé à tous les diables. Combien m'ont dit depuis la guerre : « Vous en vouliez » donc à mon sommeil, mon général, vous m'avez » fait passer bien des mauvaises nuits. » Je n'en passais guère de meilleures. L'officier couché dans le salon qui précédait ma chambre empêcha, il est vrai, plus d'un porteur de dépêches d'arriver jusqu'à moi, lorsqu'il n'y avait pas urgence, mais on en voyait d'urgentes partout et on me réveillait pour me communiquer des demandes auxquelles il m'était bien impossible de donner satisfaction. Il y avait d'ailleurs des nouvelles si importantes que je n'aurais pas voulu moi-même attendre au lendemain pour les connaître et, depuis l'affaire d'Orléans, on me tenait au courant, bien plus que par le passé.

M. de Freycinet m'avait fait appeler, le 10 décembre, pour m'annoncer que Gambetta, reconnaissant des résultats que j'avais obtenus dans l'organisation de plus de deux cents batteries, voulait m'élever au grade de général de brigade par un décret motivé sur les services rendus par moi à la défense nationale. Je priai le délégué de remercier Gambetta en mon nom pour ses bonnes intentions, et de le supplier de ne pas y donner suite; mais, malgré mes prières, Gambetta poursuivit son idée et je me trouvai général de brigade, avec la conviction, justifiée bientôt par les événements, que je ne conserverais pas longtemps ce grade. Il ne m'était pas difficile, d'ailleurs, de m'apercevoir que les généraux du ministère ne voyaient pas ma nomination d'un bon œil et me regardaient comme un intrus dans le monde étoilé; mais je continuai ma tâche sans m'en inquiéter.

Il existait, quand nous quittâmes Tours pour venir à Bordeaux, neuf corps d'armée, savoir les 15e, 16e, 17e, 18e, 19e, 20e, 21e, 22e et 23e. Ces deux derniers constituaient l'armée du Nord; formés avec les ressources locales et avec des cadres évadés des armées de Metz et Sedan, ils restèrent en dehors de notre organisation. Le 19e corps, commandé par le général Dargent, n'avait pas quitté la Normandie et semblait destiné à la protection de la presqu'île du Cotentin. Le capitaine de vaisseau Schwerer en commandait l'artillerie avec un excellent officier, le lieutenant-colonel Poizat, pour chef d'état-major. Une des divisions d'infanterie était commandée par le général Saussier, la cavalerie par le général Abd-el-Al. L'artillerie comprenait, par division, deux batteries de quatre de campagne et une batterie de montagne ; il n'y avait pas de réserve d'artillerie.

Lorsque nous fûmes installés à Bordeaux, nous eûmes à former successivement l'artillerie du 25e corps (général Pourcet) et du 26e (général Billot), sur un pied analogue à celle des 16e, 17e et 18e corps ; le 26e corps reçut quatre batteries à balles et trois batteries de canons de 7 se chargeant par la culasse ; le 27e reçut deux batteries de canons à balles.

Rien n'arrêta cependant la marche victorieuse des armées allemandes. Le prince Frédéric-Charles, qui commandait à cent cinquante mille hommes, avait débusqué le général Chanzy de la position de Vendôme et l'avait refoulé sur le Mans, où il le laissa sans l'inquiéter, depuis le 19 décembre jusqu'au commencement de janvier. Le général Chanzy prit l'offensive, en envoyant sur plusieurs points des reconnaissances qui furent assez vivement ramenées et poursuivies par les troupes de Frédéric-Charles. Nous attendions des nouvelles avec impatience. La journée du 10 janvier fut heureuse pour nos armes. Le 11, à minuit, on me communiqua une dépêche ainsi conçue :

« Nous avons eu aujourd'hui la bataille du Mans, » l'ennemi a été repoussé sur tous les points, nous » couchons sur nos positions. »

Une heure après, on venait m'éveiller de nouveau pour me remettre une dépêche annonçant la perte de la *Tuilerie*, abandonnée par les mobilisés de Bretagne, mais ajoutant que le général Chanzy allait faire reprendre cette position. Le lendemain matin, la victoire était transformée en une défaite. La *Tuilerie* n'avait pu être reprise et la débandade était complète.

Pendant que l'Assemblée nationale siégeait à Versailles, j'eus occasion de causer de ces événements avec le général Chanzy, et je me permis de lui demander comment il se faisait qu'il eût placé dans une position aussi importante une troupe en laquelle il ne pouvait avoir aucune confiance. Il me répondit que, pour conserver cette position, il n'était pas besoin de se battre, qu'il suffisait d'y rester et de s'y tenir immobile.

De toutes parts, nos armées étaient vaincues. L'armée du Nord, battue à Saint-Quentin, se repliait sur les places fortes de cette région ; la 2e armée de la Loire allait prendre position en avant de Laval ; l'armée de l'Est échouait complètement devant Montbéliard ; enfin, l'armée de Paris essayait la sortie de Buzenval et était rejetée à l'intérieur du camp retranché. Le gouvernement de Paris conclut avec M. de Bismarck un armistice de vingt et un jours, à la date du 28 janvier. La délégation de Bordeaux en fut prévenue par une dépêche, datée du 28 janvier à onze heures quinze du soir et qui ne parvint à Bordeaux que le 29 au matin. Je fus appelé immédiatement, avec les autres directeurs. au cabinet de M. de Freycinet, pour avoir connaissance de cette dépêche qui était très laconique. Elle portait principalement qu'une Assemblée devait être convoquée à Bordeaux pour le 15 février, invitait la délégation à faire exécuter l'armistice et convoquait les électeurs pour le 8 février.

Immédiatement, une dépêche, conçue dans cet esprit, fut envoyée à tous les chefs de corps d'armée, qui furent invités à déterminer sur-le-champ et avec précision les positions respectives des avant-postes des forces en présence. Cet ordre, portant la mention *très urgent*, fut aussitôt exécuté sur tous les points. L'armée des Vosges et l'armée de l'Est suspendirent immédiatement leur mouvement. Mais, quel ne fut pas l'étonnement des membres du gouvernement de Bordeaux, lorsqu'ils reçurent, le surlendemain, la copie exacte de la convention signée à Versailles, transmise au général Chanzy par le prince Frédéric-Charles. Je me trouvais dans le cabinet de M. de Freycinet lorsque Gambetta s'y précipita, tenant cette pièce à la main : l'armée de l'Est, l'armée des Vosges et la place de Belfort étaient exceptées de l'armistice ; en outre, la délimitation des lignes d'avant-postes était tracée par l'armistice lui-même, non pas en tenant compte de la situation respective des troupes des deux armées, mais dans le but évident de rendre plus avantageuse sur toute la ligne la position des avant-postes allemands. La connaissance exacte de ce texte, après les ordres expédiés par le gouvernement, était un véritable coup de foudre; la fureur de Gambetta était à son comble ; il se jeta sur moi qui n'était certes pour rien dans ce qui se passait, saisit ma cravate et la tordit comme s'il eût voulu m'étrangler.

« Je comprends, s'écria-t-il, qu'un avocat, hébété » par la peur, ait commis une pareille balourdise et » une semblable infamie, mais ce Jules Favre était » assisté d'un général, quand il discutait avec Bis» marck les clauses de la convention ; que le sang » de l'armée de l'Est et la honte de la défaite retom» bent sur lui ! »

Aussitôt, on s'empressa de communiquer à l'armée de l'Est la partie de l'armistice qui la concernait. Cette armée n'était plus commandée par Bourbaki ; le général Clinchant l'avait remplacé, à la suite d'une conférence tenue entre Gambetta et M. de Freycinet et à laquelle j'assistais. Le général Bourbaki avait lutté énergiquement jusqu'au dernier moment contre les difficultés de sa situation, mais ses dépêches et ses lettres finirent par accuser un tel découragement et un tel dégoût que le gouvernement reconnut comme nécessaire son remplacement par un autre général. Le ministre et son délégué hésitèrent longtemps, pour ce choix, entre les généraux Clinchant et Billot ; ce fut Gambetta qui choisit à la fin le général Clinchant en disant : « Je regarde

» Billot comme le plus capable et le plus intelligent,
» mais Clinchant est plus régulier et plus ancien. »

Un télégramme fut donc adressé au général Bourbaki, pour l'inviter à remettre son commandement au général Clinchant. Le lendemain, arrivait la nouvelle de la tentative de suicide de Bourbaki, qui s'était tiré un coup de revolver à la tempe. Gambetta et M. de Freycinet éprouvèrent, dit-on, un vif sentiment de regret, en songeant que leur dépêche avait peut-être été la cause du désespoir du général Bourbaki; mais, vérification faite, la dépêche ne lui était, paraît-il, arrivée qu'après le coup de revolver, causé par la vue des troupes du 24e corps en déroute, abandonnant le poste où le général en chef comptait sur leur défense énergique.

Les ordres parvinrent donc à Garibaldi et à Clinchant, mais trop tard pour qu'ils pussent en profiter. A la nouvelle de l'armistice, ils s'étaient, au contraire, arrêtés, conservant une immobilité complète, tandis que les Allemands continuaient à marcher et enfermaient l'armée de l'Est dans un cercle d'où elle ne put sortir qu'en franchissant la frontière de Suisse.

Je n'ai pas à raconter ces événements. M. de Freycinet, dans son livre, rend hommage au bon ordre avec lequel s'effectua le passage en Suisse. Telle n'est pas l'impression que je ressentis, lorsque quelques mois plus tard, me trouvant en congé, je parcourus ce pays. Je logeai dans un hôtel, dont le propriétaire était chef de bataillon dans ce qu'on appelle en Suisse l'élite. Il me raconta qu'au moment où l'armée de l'Est s'était présentée à la frontière, le général Clinchant avait fait déclarer au colonel fédéral, commandant l'armée suisse, qu'il allait pénétrer sur le territoire de la Confédération et que, si son armée faisait mine de vouloir s'opposer à ce mouvement, il lui passerait sur le ventre. Je ne donne, bien entendu ce récit que pour ce qu'il vaut.

En racontant très sommairement les quelques combats qui furent livrés à la frontière, M. de Freycinet cite avec honneur le commandant Ploton, officier de marine, qui dirigeait l'artillerie des forts de Joux et de Larmont et déploya dans la défense autant d'intelligence que de vigueur; il y a là une légère erreur. Le commandant Ploton n'appartenait pas à la marine, mais bien à l'artillerie de terre; il avait servi à l'armée de la Loire comme capitaine commandant d'une batterie de 12, puis comme chef d'escadron, chargé de diriger l'équipage de pont.

Je reviens à Bordeaux. La connaissance exacte du texte de la convention d'armistice ne se répandit pas tout d'abord; je rencontrai même, en sortant de chez M. de Freycinet et en traversant la halle, M. Glais-Bizoin qui ne savait rien du tout et parut extrêmement étonné de ce que je lui racontai. Mais, peu à peu, la vérité fit son chemin et une vive agitation se manifesta dans les rues de Bordeaux. Bientôt arriva le membre du gouvernement envoyé de Paris ; c'était M. Jules Simon, dont la mission ne consistait pas seulement à donner au gouvernement de Bordeaux des informations exactes, mais certainement aussi à affirmer la suprématie de Paris sur Bordeaux.

La guerre civile sembla un moment près d'éclater. Jules Simon avait évidemment pleins pouvoirs et, s'il n'était pas l'ennemi déclaré de Gambetta, il éprouvait du moins une antipathie bien prononcée pour sa personne et ses procédés. Il désigna *in petto*, pour *exercer* les fonctions de ministre de la guerre, le général F..., commandant la division militaire, et le chargea sans doute de prendre quelques mesures effectives, pour le cas où la population de Bordeaux voudrait soutenir les velléités de résistance de Gambetta. Le bon général F..., qui avait célébré en buvant du champagne au dessert avec de joyeux convives la conclusion de l'armistice, était un ancien officier d'état-major, très versé dans les questions de frontière et de géographie, mais j'ai peine à croire qu'il eût jamais été un grand militaire. Il me fit appeler, railla beaucoup dans sa conversation le gouvernement dont il était la veille le très dévoué serviteur, et crut montrer beaucoup d'esprit en me disant : « Vous qui êtes le Sully de la bande » ; puis il me prescrivit, ou plutôt me demanda de faire venir à Bordeaux deux batteries d'artillerie. Je lui répondis que je serais enchanté de lui être agréable, mais

que, pour le moment, je ne pouvais recevoir aucun ordre de lui, puisqu'au contraire j'avais à lui en donner au nom du ministre ; d'ailleurs, les mesures dont il prenait l'initiative étaient dirigées contre ce ministre dont j'étais le subordonné et il serait assez singulier de m'y faire concourir. Le général eut l'air si embarrassé que je vins à son aide et je lui dis : « Vous com-
» mandez la division, vous avez le droit de modifier
» l'itinéraire des troupes qui traversent votre terri-
» toire, cherchez un peu quelles sont ces troupes. »
Il y avait en effet deux batteries de 12, destinées au 25ᵉ corps, qui voyageaient de Toulouse à Bourges en traversant le territoire dont le chef-lieu était Bordeaux ; le général les fit venir dans cette ville, mais elles ne servirent à rien.

Cependant, Gambetta recevait de tous les coins de la France, et particulièrement de Lyon et de Marseille, des lettres l'incitant à continuer la guerre à outrance et lui offrant le concours des populations du Midi. En même temps, la population de Bordeaux remplissait tous les soirs les rues et places principales, telles que les fossés de l'Intendance, la rue du Chapeau-Rouge, la rue Esprit-des-Lois, les allées et le cours de Tourny. Les cris de « A bas la paix ! Vive la guerre ! » étaient proférés par la foule en délire ; des orateurs, qui s'étaient mis à la tête du mouvement, cherchaient à escalader le grand balcon de la Préfecture, dont les cours étaient occupées par un bataillon d'infanterie ; les vociférations redoublaient chaque soir, jusqu'à ce que Gambetta parût au balcon et prononçât avec énergie un de ces discours enflammés dont le grand tribun avait le secret.

Le temps marchait; d'autres membres du gouvernement, MM. Garnier-Pagès, Eugène Pelletan, Emmanuel Arago, étaient venus rejoindre Jules Simon. Gambetta et M. de Freycinet tenaient toujours bon devant eux. Un soir, je fus convoqué à la Préfecture; j'y trouvai réunis les généraux Haca et Véronique avec M. de Freycinet. Gambetta nous invita à prendre place autour de la table et nous mit rapidement, je dirais presque fiévreusement, au courant de la question; mais bientôt il reprit tout son calme et ne le perdit pas un instant pendant la longue discussion qui suivit, en dépit des cris de la populace qui devenaient de véritables hurlements. Il s'agissait de savoir s'il était possible de repousser l'armistice conclu en dehors du gouvernement de Bordeaux, de supprimer les élections, d'assumer la responsabilité de dictature et de continuer la guerre à outrance, en concentrant les armées dans le massif du plateau central, dans la Bretagne et dans le Cotentin, jusqu'à ce que l'ennemi fût chassé du territoire français par l'énergie de notre désespoir.

La conversation sur ce sujet dura au moins deux heures, pendant lesquelles nous fûmes constamment interrompus par des amis de Gambetta, venant le supplier de se montrer à la foule ou de parler à ses délégués qui remplissaient les antichambres. Gambetta les repoussait au dehors, en leur disant : « F... moi la paix ! » et leur fermait violemment la porte au nez, puis revenait s'asseoir et parlait ou écoutait tranquillement, comme s'il se fût agi de la question la plus insignifiante. Enfin, un de ses plus familiers insistant avec énergie pour le faire sortir, il lui jeta, furieux, à la figure le mot prêté à Cambronne par Victor Hugo et ajouta : « Je défends absolument qu'on vienne encore nous emb... ! » Puis, se tournant vers nous et tendant le bras vers la fenêtre, il nous dit, en nous montrant les têtes des gens du peuple, illuminées par des torches :

« Croyez-vous que c'est une vie ? voilà dix jours » que dix mille gueulards viennent crier sous mes » fenêtres : « Gambetta ! Gambetta ! » que je parais au » balcon, que je leur adresse un discours, qu'ils me » saluent de bravos et des cris de : « Vive Gambetta ! » pour recommencer le lendemain, proférer » les mêmes vociférations, entendre le même discours et crier encore Vive Gambetta ! »

Il se rassit, la discussion touchait à sa fin. Je ne me rappelle pas qu'aucun de nous ait parlé en faveur de la guerre à outrance, du moins ce ne fut ni le général Véronique, ni le général Haca, ni moi. Le tribun hésitait encore cependant, lorsque je lui demandai la permission de lire tout haut une lettre que j'avais reçue le matin même de l'armée de l'Est. Cette lettre m'était écrite par un de mes camarades de promotion, colonel commandant l'artillerie d'un des nouveaux corps d'armée, garçon un peu sceptique, mais pétillant d'esprit et plein d'intelligence. Voici ce qu'il me disait au lendemain de l'échec d'Héricourt :

« Je ne résiste pas à l'envie de te dire un mot de » la dernière campagne, au succès de laquelle j'ai » fermement cru un instant. Malheureusement on a » perdu pas mal de temps, lorsqu'il fallait à tout prix » se hâter. Après Villersexel, on s'est laissé amuser » par les démonstrations de faibles détachements » et, à la faveur de ce semblant de résistance qui » nous arrêtait, les renforts arrivaient à l'ennemi, » de sorte qu'au moment de toucher au but, à neuf » kilomètres de Belfort, on s'est trouvé en face d'obs- » tacles très sérieux. Je n'ai vu qu'Héricourt et je » déclare que le 20e corps, à qui incombait la tâche » d'enlever la position, était parfaitement insuffisant » pour une aussi rude besogne. Pourtant, c'était » bien là le point important ; c'était là qu'il fallait » concentrer des forces supérieures, pour percer le » centre de la ligne prussienne. Mais non, on ba- » taillait sur les deux ailes, et de ces trois attaques, » décousues et trop éloignées pour concourir à un » but commun, est résulté ce que nous avons vu.

» Encore n'y aurait-il eu que demi-mal si, à » l'heure du combat, on avait pu amener en ligne le » nombre de soldats sur lesquels on aurait dû compter » d'après les situations d'effectifs. Mais c'était là une

» illusion dans laquelle il n'était pas possible de tom-
» ber ; car il est connu depuis longtemps que des com-
» pagnies de cent soixante-dix ou cent quatre-vingts
» hommes en fournissent quarante ou cinquante au
» feu ; le reste clampine en arrière, se cache dans les
» fermes, se blottit dans les étables, se remise dans les
» bois, et ce sont les déserteurs du rang qui, à la
» première alerte, se débandent, s'enfuient effarés,
» sèment le désordre et la panique dans les localités
» qu'ils traversent et, entassant les mensonges et les
» calomnies, exploitent la compassion publique en
» racontant qu'ils sont les seuls survivants d'une
» action à laquelle ils n'ont pas assisté, qu'ils ont
» manqué de munitions quand ils n'ont pas tiré un
» seul coup de fusil, et qu'on ne leur a fait aucune
» distribution depuis trois jours. Le bon public se
» laisse attendrir par cette canaille dépenaillée, dé-
» guenillée, trouée aux coudes et aux genoux,
» hideuse à voir, écœurante à entendre ; et, comme
» il faut toujours que quelqu'un paye les pots cassés,
» on s'en prend, par exemple, à l'intendance à laquelle
» on fait remonter la cause de nos désastres, parce
» que, dit-on, elle laisse l'armée mourir de faim. Il
» serait temps cependant d'en finir avec cette ridi-
» cule et odieuse plaisanterie. Je ne prétends pas
» que l'intendance représente l'excellence de l'ad-
» ministration militaire ; mais dans les circonstances
» difficiles où elle se trouve, au milieu d'un pays
» épuisé, avec des charretiers qui désertent à tout

» bout de champ, avec des routes impraticables,
» c'est presque un tour de force que d'arriver à un
» résultat à peu près satisfaisant.

» Dans cette armée qui devait renouveler la
» légende de 1792 et qui s'obstine à cacher ses Hoche
» et ses Marceau, l'artillerie se fait remarquer par sa
» consistance; on y sent le coude; les bonnes tradi-
» tions de l'arme s'y maintiennent et le devoir n'y est
» pas lettre morte. Ces bons résultats sont en grande
» partie ton œuvre; et, quand on s'est trouvé en pré-
» sence d'une situation où tout est venu à manquer,
» où il a fallu tout créer, c'est un grand honneur pour
» toi d'avoir suffi à une tâche où plus d'un aurait
» échoué. Aussi c'est un bon acte du ministre de
» t'avoir nommé général. Ta promotion console de
» certaines autres élévations au moins étranges, par
» exemple le citoyen J..., qui est un brave homme
» mais nul, le citoyen P..., qui n'est ni nul ni
» brave... »

Gambetta parut écouter avec la plus profonde attention la lecture de cette lettre qui, sous une forme humoristique, en disait long sur notre armée de l'Est. Il me la demanda, la lut tout bas à deux reprises, me la rendit et se leva en disant :

« Il n'y a plus rien à faire, messieurs; avant de me
» séparer de vous, permettez-moi de vous remercier
» du concours dévoué que vous n'avez cessé de me
» prêter. Pour moi, mon rôle est terminé, je n'ai
» plus qu'à me retirer. » Puis il s'approcha de

chacun de nous en particulier, nous serra la main et nous remercia encore avec effusion. Au moment où nous franchissions le seuil de sa porte, le général Haca lui dit, en recevant sa dernière poignée de main : « Voyons, monsieur Gambetta, avec votre » haute intelligence, vous devez apprécier à leur » juste valeur ces gens qui vous entourent et qui » vous poussent; empressez-vous donc de les jeter » à l'eau. — Mais, répondit Gambetta, avec un fin » et triste sourire, ces gens-là, comme vous les » appelez, sont du lest de mon navire; si je les jette » à l'eau, je serai submergé. »

Tels furent les adieux de Gambetta, qui avait déployé pendant les quatre derniers mois tant d'énergie et de patriotisme, sans avoir malheureusement l'intelligence réglée par une connaissance suffisante des rouages qu'il avait à faire mouvoir. Je l'ai revu depuis lors dans des circonstances bien différentes; ardent tribun, député mûri par la pratique de l'opposition, président de la commission du budget, chef du ministère, renversé par l'intrigue alors qu'il était en état de gouverner le pays, je l'ai toujours entendu parler de la revanche de 1871 comme du but suprême de ses aspirations et de ses espérances; mais je me le suis toujours représenté dans cette froide soirée de janvier lorsque, calme, mais la voix altérée par des sanglots que son énergie comprimait, il nous adressait un adieu désespéré. Je l'avoue, j'ai aimé cet homme et je ne fus pas le seul ; l'amiral Fourichon, avec qui j'avais partagé les émotions subies pendant une période de lutte et de souffrance, me disait un jour à Versailles, longtemps après la conclusion de la paix, car c'était, je crois, au moment de la chute de ce qu'on appela l'*ordre moral* : « J'ai eu, comme » membre du gouvernement, bien des démêlés avec » Gambetta, mais nous sommes restés toujours amis » et, en dehors de ces discussions d'où la chaleur » des convictions ne bannit jamais la courtoisie, il » n'eut pour moi que des paroles affectueuses. »

Ainsi me parlait l'amiral Fourichon, à un moment où il me priait de profiter de mes relations avec le *leader* de la Chambre des députés pour nouer une négociation importante avec le parti modéré du Sénat. Quant à moi, j'ai vu rarement Gambetta depuis notre séparation de Bordeaux, mais je l'ai trouvé toujours charmant à mon égard et j'ai reçu de lui bien des confidences que ce n'est pas ici le lieu de rappeler. Habitant Versailles, c'est surtout dans sa paisible retraite des Jardies que je l'ai vu. Quelques minutes avant l'accident qui devait lui coûter la vie, je me promenais encore à ses côtés dans le jardin de Ville-d'Avray où j'étais venu le trouver de la part du général Billot, alors ministre de la guerre, pour m'entendre avec lui au sujet de la loi sur l'artillerie de forteresse. Il faisait ce jour-là un temps splendide, quoiqu'on fût à la fin de décembre : « Regardez, me dit-il, ce beau

» soleil, ne se croirait-on pas à Naples? Il faut que » je déjeune afin de partir pour Paris, voulez-vous » déjeuner avec moi? » Je le remerciai, en lui demandant s'il reviendrait le soir à Ville-d'Avray. « J'y » couche, me répliqua-t-il, les samedi, dimanche et » lundi de chaque semaine. Il me faut, à Paris, rece- » voir toute la chrétienté; venez me trouver ici, nous » causerons plus librement. » Il me reconduisit jusqu'à la petite porte qui s'ouvrait sur la rue; je le quittai un peu ému comme d'habitude. Pour lui, paraît-il, il remonta son escalier, prit son revolver pour le nettoyer et se blessa grièvement en maniant cette arme. Le soir, j'appris son accident. Je courus le lendemain matin à Ville-d'Avray pour le voir et j'appris de son vieux domestique les détails circonstanciés du triste accident, mais je ne pus approcher de lui; il était déjà entouré de ceux qui, je ne sais dans quel intérêt, ont voulu l'isoler jusqu'à sa mort.

II

LA PAIX

Départ de M. de Freycinet. — Les représentants du gouvernement à Bordeaux. — Le général Le Flô. — Préjugés contre les armées de province. — Conversations du soir. — L'Assemblée nationale. — Récapitulation des ressources de la France. — Vote des préliminaires de la paix. — Déchéance des Bonapartes. — Opinions sur la garde nationale de Paris. — Évacuation des forts de Bourges. — Départ de Bordeaux. — Nouvelles de l'insurrection du 18 mars.

Mes souvenirs m'ont entraîné bien au delà de l'époque qui fait l'objet de cette étude rétrospective; je reviens à Bordeaux et au commencement du mois de février 1871.

Le départ de Gambetta devait avoir pour conséquence l'éloignement de M. de Freycinet. En effet, quelques instants après notre dernière entrevue avec Gambetta ou peut-être seulement le lendemain matin, nous reçûmes une note circulaire portant que, le délégué ayant résigné ses fonctions, nous n'avions plus à nous adresser à lui. Presque aussitôt, nous fûmes informés que M. Emmanuel Arago était nommé provisoirement ministre de la guerre. Le général Haca prit les fonctions de secrétaire général, ou de délégué comme on disait alors à propos de tout. Mais, dans la journée, M. de Freycinet subit d'autres influences. Le mouvement tout naturel auquel il avait cédé en donnant sa démission devait avoir des conséquences désagréables pour le nombreux personnel qu'il avait attaché à son cabinet par des liens peu gratuits; cet entourage le pria de rester à son poste. D'autre part, le parti de la guerre lui représenta que son départ pourrait être considéré comme une déclaration trop explicite en faveur de la paix. Nous reçûmes donc le soir une nouvelle note, chef-d'œuvre de calligraphie comme la première, nous invitant à reprendre nos relations avec le délégué, chargé cette fois de représenter auprès de nous le ministre Arago.

Le général Haca fut fort étonné et encore plus vexé de voir M. de Freycinet revenir prendre sa place au bureau devant lequel il s'était assis, et se trouva en outre profondément blessé de l'explication que lui donna l'ancien délégué; il s'éloigna très ému, ne concevant pas, disait-il, que le remplacement du délégué civil par un général, glorieusement mutilé en combattant l'ennemi, pût être interprété comme un symptôme de paix à tout prix. Il prévint de son départ le général Véronique et se rendit dans un hôtel de Bordeaux, pour y attendre le moment de prendre le train.

Le général Véronique vint aussitôt me trouver et me pria de l'accompagner chez M. Arago pour protester contre l'injure faite au général Haca. Je n'éprouvais, comme je l'ai déjà dit, aucun mauvais sentiment à l'égard de M. de Freycinet, avec lequel, malgré quelques mouvements d'impatience de ma part, je n'avais eu que d'excellents rapports. Je savais d'ailleurs que, si j'avais quelque chose à redouter pour l'avenir, ce ne pouvait être que du côté de ceux qui avaient vu d'un mauvais œil mon avancement prématuré. Je ne crus pas cependant pouvoir refuser au général Véronique de l'accompagner chez le ministre du moment. Nous trouvâmes M. Arago dans la salle où s'étaient installés les membres du gouvernement. C'était une assez singulière réunion : M. Garnier-Pagès lisait le journal au coin du feu, tandis que MM. Pelletan et Glais-Bizoin avaient l'air de causer entre eux et que Jules Simon semblait réfléchir profondément. Quant à Crémieux et à l'amiral Fourichon, ils brillaient par leur absence.

M. Emmanuel Arago vint au-devant de nous, très gracieusement, nous serra les mains et nous dit, de sa belle voix de basse, avoir accepté le ministère de la guerre en souvenir de son père, qui avait rempli ces fonctions en 1848, après la révolution de Février; singulière recommandation, soit dit en passant, l'illustre Arago ayant été un ministre de la guerre des plus médiocres, et pour quelques jours seulement. Nous lui exposâmes le motif de notre visite, et Jules Simon sortit de ses réflexions pour nous répondre en qualité de chef de gouvernement. Il s'exprima en termes peu flatteurs, au point de vue de l'intelligence, sur le compte de Crémieux qui avait rendu à M. de Freycinet ses fonctions de délégué, et nous pria de regarder cette nomination comme non avenue ; il nous adressa quelques paroles encourageantes et nous serra les mains en nous congédiant. Ce que j'ai reçu ces jours-là de poignées de mains de personnages célèbres est incalculable ! Il n'y a guère que Garnier-Pagès qui s'en abstint, paraissant du reste s'ennuyer profondément au coin de la cheminée.

En sortant de la salle des séances du gouvernement, nous nous croisâmes avec M. de Freycinet qui venait sans doute, informé de notre démarche, la combattre auprès de Jules Simon ; mais il ne réussit pas. Je restai complètement étranger à ce qui se passa ensuite. On eut l'air de supposer, et je proteste encore contre cette supposition, que M. de Freycinet voulait, en quittant le ministère, emporter les documents pour sa justification future. On ferma à clef la porte de son cabinet et on y plaça un planton, avec ordre de n'y laisser entrer personne, si bien qu'il fut obligé, à son retour de la préfecture, de s'adresser au commandant de Bastard pour pouvoir entrer reprendre son pardessus qu'il avait laissé. La mesure inconvenante qu'on avait prise à son égard frisa donc le ridicule ; il en fut naturellement très blessé et, dès le soir même, un article, conçu dans les termes les plus vifs, sous l'inspiration de son entourage, parut dans le journal *la Gironde ;* les généraux du ministère, parmi lesquels j'étais compris bien entendu, étaient traités de la bonne façon dans cet article. C'est ainsi que la solidarité m'entraîna dans une démarche que je n'approuvais guère au fond et me fit paraître le complice d'actes que je désapprouvais formellement.

Au moment où je parle de M. de Freycinet pour la dernière fois, je répète ce que j'en ai déjà dit au début de ces pages, c'est-à-dire que je ne puis m'exprimer ouvertement sur son compte, ni même rendre justice aux qualités qu'il déploya en assistant Gambetta dans l'œuvre de la défense nationale. Je raconte et n'apprécie pas, laissant à mes lecteurs le soin de juger eux-mêmes d'après mes récits.

Peu de temps après les petits événements dont je viens de parler, le général Le Flô arriva à Bordeaux et prit en mains le ministère. Quel aimable homme et qu'il avait d'esprit ! mais qu'il était peu apte à faire un ministre de la guerre ! Causeur infatigable et plein de verve, caractère franc et loyal, mais porté à la critique, il nous fit perdre de longues heures. Avec lui, nous ne parvenions pas à mettre notre besogne au courant, non pas que nous eussions à faire plus qu'auparavant, bien au contraire ! mais parce que lui-même nous empêchait de travailler. Dans les premiers jours qui suivirent son arrivée à Bordeaux, il paraissait partager toutes les préventions du gouvernement de Paris contre la délégation et les sentiments qui animaient la population de la capitale contre les armées de province, sentiments qui nous furent manifestés par plusieurs exemples. Le général Vinoy avait été nommé gouverneur de Paris. Les troupes de ligne ayant été désarmées par suite des conditions de l'armistice, le gouvernement résolut de faire venir à Paris un certain nombre de régiments de l'armée de la Loire qui furent amenés par le général de Curten. Ce général fut fort mal reçu par le nouveau gouverneur, qui traita de brigands tous les officiers venant de province, et le général de Curten se vit obligé de relever respectueusement, mais vertement ces paroles.

Un de mes amis, d'un caractère très bienveillant cependant, et qui commandait un des régiments d'artillerie enfermés dans Paris, me dit un jour que l'armée du général Chanzy était un ramassis de bandits, bons seulement à fuir devant l'ennemi. Je lui objectai que cette armée avait exécuté devant le prince Frédéric-Charles une retraite des plus glorieuses. « Bah! me répondit-il, je sais à quoi m'en » tenir là-dessus, mes parents habitant le Mans; » tout le monde a vu dans cette ville l'effroyable » débandade de votre fameuse armée de la Loire. — » Paris en aurait vu bien d'autres, répliquai-je, si » vos troupes et votre garde nationale n'avaient pas

» trouvé un abri derrière les remparts. » La vérité est, qu'ici comme là, il y a eu de braves gens qui se sont bien battus et des lâches qui ont donné le triste spectacle de paniques déshonorantes.

Ce qui avait tendu les relations, entre le gouvernement de Paris et celui de Bordeaux, ce fut l'échange de dépêches qui eut lieu à propos de l'armistice. Ayant reçu du général Chanzy une copie exacte de la convention originale, Gambetta demanda des explications à Jules Favre et le pressa d'interrogations. C'est seulement au bout de cinq jours, c'est-à-dire le 2 février à cinq heures du soir, que Jules Favre répondit qu'ayant été dans l'impossibilité de communiquer régulièrement, il n'avait pu transmettre le texte de la convention avec le tracé sur la carte qui l'accompagnait. Entre-temps, M. de Bismarck avait « sous titre de renseignements » communiqué à Gambetta, mais à la date du 31 janvier seulement, les conditions principales de l'armistice conclu le 28. Il y avait donc eu de la part des Allemands intention préméditée de laisser le gouvernement de Bordeaux dans l'ignorance, afin d'assurer la ruine de notre armée de l'Est, et de la part du gouvernement de Paris une coupable inertie et une faiblesse inexcusable à se faire le complice des autorités allemandes. Les négociateurs français de l'armistice semblaient n'avoir eu qu'une préoccupation : sauver autant que possible les rues de la capitale du contact des Allemands. Ainsi, Paris accusait la province de ne pas l'avoir délivré, la province accusait Paris d'avoir sacrifié la France à sa propre conservation. Il a fallu bien du temps pour faire cesser ce malentendu, pour faire admirer, par les uns, l'héroïsme passif de la population parisienne, par les autres, les efforts énergiques du reste de la France.

Le général Le Flô, arrivant à Bordeaux, ne croyait pas encore à l'existence régulière des armées de la Loire. Un jour qu'il avait reçu du gouvernement de Paris l'invitation de désigner un officier pour faire partie d'une importante commission d'enquête, il nous demanda d'abord de faire nous-mêmes cette désignation, puis, se ravisant, il s'écria tout à coup : « Non, je le prendrai à Paris, il faut là un brave homme » et je ne suis entouré ici que de flibustiers. » Il n'avait pas achevé ce mot que déjà nous étions debout tous les trois (Haca, Véronique et moi) et que nous nous dirigions vers la porte; il courut à nous, nous prit les mains, nous accabla d'excuses et nous remit à nos places. A partir de ce jour, il fut toujours convenable et très souvent charmant.

Bientôt l'Assemblée nationale se réunit à Bordeaux. Le général Le Flô en faisait partie, ayant été nommé député par le département du Finistère. L'Assemblée comprenait en outre plusieurs de nos amis ou camarades, tels que de Bastard, député de Lot-et-Garonne, Loysel, député d'Ille-et-Vilaine, commandant l'armée du Havre, Faidherbe, député du Nord, Chanzy, des Ardennes, Jauréguiberry, des Basses-Pyrénées, etc...

Nous étions donc bien informés de ce qui s'y passait, mais nous étions surtout tenus au courant par le général Le Flô, que nous allions trouver individuellement, le matin, quand nous avions une affaire à traiter avec lui. Après déjeuner, nous prenions notre récréation qui consistait à nous promener aux abords du Grand-Théâtre, où se tenaient les séances, et nous regardions les députés défiler entre une double haie de soldats. Nous vîmes ainsi Garibaldi passer en voiture, salué par des vivats et des cris d'enthousiasme.

Nous rentrions ensuite à nos bureaux attendre que le général Le Flô nous fît appeler. Il n'y manquait jamais au retour de l'Assemblée, c'est-à-dire vers six heures, et nous réunissait alors pour un rapport interminable. Ce rapport avait pour but apparent l'examen des questions concernant plusieurs directions ; en réalité, on n'y parlait que de la séance qui venait de se terminer, et jamais journal n'a donné de résumé des débats plus intéressant et plus amusant que le tableau tracé par notre ministre; mais gare à ceux qu'il mordait, il emportait le morceau. Il avait une manière toute particulière de désigner les gens par une qualification peu parlementaire ; par exemple, il ne disait jamais Trochu tout court, ou le général Trochu, mais cet animal de Trochu ; il disait cette canaille de D..., ce cochon de X... Tout cela avec un ton de parfaite politesse. La canaille, l'animal ou le cochon lui était-il annoncé, il donnait avec empressement l'ordre de le faire entrer, se précipitait au-devant de lui et lui serrait les mains avec effusion. Les qualificatifs dont il les gratifiait n'avaient d'ailleurs aucune signification, c'était une simple manière de parler.

Un soir, il arriva tout guilleret, en se frottant les mains : « Je me suis bien amusé aujourd'hui, nous
» dit-il; figurez-vous qu'en entrant au bureau dont
» je fais partie, j'ai été abordé par un député qui
» m'a dit sur un ton assez hautain : « Pourriez-vous,
» monsieur le ministre, m'expliquer d'où provient
» l'affreuse indiscipline qui ruine notre armée?
» — C'est bien simple, monsieur le député, lui ai-je
» répondu, elle tient à l'affreuse indiscipline qui
» caractérise notre nation, du haut en bas de
» l'échelle sociale. » J'étais à moitié content de cette
» réponse qui avait du moins cloué la bouche à mon
» député, lorsque entra cette canaille de D.... Je
» courus à lui et je lui dis que le gouvernement
» venait de recevoir de Lyon les plus fâcheuses nou-
» velles; le désordre y était à son comble, la lutte
» était engagée entre l'armée et une partie de la
» population ; il était devenu nécessaire d'y envoyer
» un homme énergique et inspirant toute confiance.
« Le gouvernement, ajoutai-je, a jeté les yeux sur
» vous, mon cher général, pour cette grave et impor-
» tante mission, je suis invité en conséquence à vous
» prier de partir ce soir même pour Lyon. — Je
» n'en ferai rien, me dit-il, je n'accepte pas la mission

» que le gouvernement veut me donner. — Mais » pourquoi cela? — Parce que cela ne me convient » pas, mes devoirs me retiennent d'ailleurs à l'As- » semblée. » J'appelai alors le député qui m'avait » interpellé quelques instants avant et je lui dis : « Vous vouliez connaître, monsieur, la cause de » l'indiscipline qui règne dans notre armée, la voici, » c'est l'esprit de désobéissance qu'on trouve dans » les rangs les plus élevés. »

Cependant l'Assemblée se tenait prête à délibérer sur la question de la paix ou de la guerre. Afin d'éclairer son opinion, elle avait nommé, dans son sein, une commission chargée d'établir, après enquête, un rapport sur les ressources que présentait encore la France pour continuer les hostilités. Nous eûmes beaucoup à travailler pour dresser, en ce qui nous concernait, l'état de ces ressources ; il n'y avait cependant pour cela rien à faire qu'à totaliser des chiffres qui nous étaient connus, mais nous étions constamment dérangés, comme au début de la guerre, par les députés qui venaient à chaque instant nous poser des questions.

Je n'avais pas à cet égard une patience très parlementaire et j'eus une assez grave discussion avec un de ces députés, revêtu cependant du grade de général de division et ayant exercé pendant le siège un commandement des plus importants. En lisant, sur les pièces qui lui avaient été remises, le nombre des fusils existant pour le moment, et en comparant ce nombre à celui qui était donné par l'état des ressources au 17 septembre, augmenté des livraisons de toute nature faites depuis cette époque jusqu'au 1er février, il trouvait un déficit considérable : cent cinquante mille fusils modèle 1866 avaient disparu, et il me demanda ce que j'en avais fait. « Rien absolument, lui répondis-je, cela ne » me regarde pas ; j'ai donné au nom du ministre » des ordres pour la livraison des fusils, ceux qui » les ont reçus en sont devenus responsables et en » justifieront la perte ou l'emploi ; vous devez bien » comprendre que ce n'est pas aux bureaux du » ministère que doit incomber cette besogne. » — Mais enfin, reprit-il, je veux savoir ce que » sont devenus ces fusils. — Je ne puis vous donner » là-dessus, répliquai-je, que des renseignements » vagues : plus de cent mille sont actuellement en » Suisse, où les ont emportés les soldats de l'armée » de l'Est ; les autres ont été pris par l'ennemi aux » deux armées de la Loire, à l'armée du Nord et » autres troupes constituées ; sans compter ceux » que les nombreux déserteurs ont jetés dans les » bois ou dans les étangs pour s'en débarrasser. » — Mais c'est un désordre affreux que vous me » signalez là ! — C'est le désordre d'un pays envahi » et vaincu. Quant à moi, n'ayant pas commandé de » troupe, je n'en suis pas responsable ; d'ailleurs » j'ai des ordres importants à donner et je vous » serai reconnaissant de vouloir bien vous contenter

» de ces explications, attendu que je n'en ai pas » d'autres à vous fournir. » Là-dessus, le général député sortit et je pus me vanter de m'être fait en lui, comme je m'en aperçus bien plus tard, un ennemi de première qualité. Quoi qu'il en soit, les chiffres que nous avions donnés à la commission furent reconnus exacts et figurèrent dans le rapport établi par l'amiral Jauréguiberry ; ils permettaient de constater que, si la guerre n'était pas continuée, ce n'était pas faute de ressources suffisantes en matériel, armes et munitions.

L'Assemblée examina alors la question de la paix. Après une courte discussion, l'acceptation en fut votée à une forte majorité. Sur la proposition d'un membre, on vota également, à la suite de ce premier scrutin, la déchéance perpétuelle de Napoléon III et de la dynastie des Bonapartes. Nous avions attendu ce jour-là avec plus d'impatience que d'habitude le retour du général Le Flô. Lorsque, appelés par lui, nous entrâmes dans son cabinet, nous étions déjà au courant des conditions formulées dans les préliminaires de paix, et notamment de la perte de l'Alsace et d'une partie de la Lorraine. Le général Le Flô paraissait rayonnant de joie, il se frottait les mains en s'asseyant et s'écria : « Voici le plus beau » jour de ma vie, je suis donc enfin vengé et la France » est délivrée de ces maudits Bonapartes. » Ainsi, pour ce bon général Le Flô, la joie de voir la chute de l'Empire consacrée par un vote de l'Assemblée

nationale l'emportait sur la douleur que devait lui causer la perte de deux provinces, précieuses par leur patriotisme autant que par leur richesse. Je me levai et demandai la permission de me retirer. « Qu'avez-vous, mon cher général? dit le ministre. —
» J'ai, répondis-je, que j'ai passé à Metz les plus
» belles années de ma vie militaire, que mon fils
» est né à Metz, et que je ne puis regarder comme
» un beau jour celui qui donne aux Allemands la
» ville la plus française que je connaisse et qui fait
» de mon fils un sujet de l'empereur d'Allemagne. »
En parlant ainsi, j'avais les yeux mouillés de larmes. Le général Le Flô me retint, m'embrassa chaleureusement et me dit : « Pardonnez-moi, mon cher gé-
» néral, comme vous j'ai du chagrin, mais ce cha-
» grin je l'éprouve depuis longtemps déjà, tandis
» que la joie que je ressens au sujet des Bonapartes
» vient d'une cause inattendue et sur laquelle je ne
» comptais pas ce matin. C'est la surprise qui m'a
» rendu heureux. »

Sous son apparence un peu légère, le général Le Flô possédait un sens juste et droit. On était tenté parfois de ne pas le prendre au sérieux, parce qu'il était amusant, mais il avait sur les événements qui venaient de se passer des aperçus pleins de justesse, et sur ceux qui allaient survenir des vues pour ainsi dire prophétiques.

« Cet animal de Trochu, nous disait-il, n'a pas
» voulu m'écouter quand je lui disais qu'il avait tort

» de ne pas faire un meilleur usage de la garde
» nationale. Elle aurait pu être redoutable à l'ennemi
» et ne pas être à craindre pour le pays ; il suffisait
» pour cela de la mettre camper en dehors de l'en-
» ceinte fortifiée, de lui donner le contact avec les
» assiégeants par des escarmouches incessantes, en
» ayant l'adresse de la placer dans des conditions
» avantageuses, comme fit Dumouriez en 1792 pour
» les volontaires du camp de Maulde. Peu à peu, elle
» se fût aguerrie et je ne doute pas qu'aux jours
» d'une grande bataille elle n'eût fait son devoir. Au
» lieu de cela, on l'a tenue enfermée dans ses quar-
» tiers, en la laissant s'organiser pour le triomphe
» d'une démagogie malsaine, en soldant grassement
» des hommes qui ne demandaient pas mieux que
» d'être nourris sans travailler ; on lui a fait exécuter
» quelques sorties dérisoires, à la suite desquelles
» elle rentrait triomphante, au son des tambours et
» des musiques, lorsqu'elle n'avait pas vu l'ennemi,
» ou bien dans un désordre inexprimable lorsque
» ses têtes de colonne avaient entendu siffler les
» balles. Aussi n'a-t-on tiré d'elle aucun parti et
» elle reste aujourd'hui tout armée pour le désordre,
» puisqu'on lui a laissé ses fusils tandis qu'on désar-
» mait les troupes régulières, en dépit des observa-
» tions que Bismarck lui-même adressait à Jules
» Favre. On verra plus tard où tout cela nous mènera
» et je crains bien que, le jour où l'on voudra retirer
» à la garde nationale la solde qu'on lui paye depuis

» le commencement du siège, on n'ait à soutenir
» contre elle une lutte plus sanglante et plus achar-
» née encore que celle des journées de juin 1848. »

A ces aperçus lumineux, le général Le Flô faisait succéder des récits d'anecdotes, dans lesquels il prodiguait les lardons à tous ceux qu'il n'aimait pas. Mais, lorsqu'il s'agissait de traiter pratiquement des questions sérieuses, il lui manquait une qualité essentielle, la force de décision; son intelligence et son esprit augmentaient alors son embarras, en lui faisant apercevoir trop facilement les écueils auxquels il risquait d'être exposé. J'avoue qu'en voyant son indécision, je regrettai plus d'une fois l'intelligence rapide et sûre de Gambetta.

Si le sujet n'était pas aussi grave, je rirais encore au souvenir des tergiversations qui précédèrent l'évacuation de Bourges, vers la fin de l'armistice. Le général Mazure, celui qui avait eu des démêlés avec Challemel-Lacour au début de la guerre, commandait à Bourges la division militaire, mais, comme il était député des Deux-Sèvres et résidait par conséquent à Bordeaux, il était remplacé à Bourges par le général Pétiet, officier des plus distingués, malheureusement malade à ce moment. Je reçus un matin une dépêche de ce dernier général, m'exposant la situation aventurée des canons de gros calibre dont on avait armé les redoutes récemment construites pour la défense de Bourges. Un certain nombre de ces redoutes se trouvaient comprises dans la zone de neutralité, et rien ne pourrait empêcher les Allemands d'y pénétrer pour en enlever l'artillerie, le jour où cela leur conviendrait; le général Pétiet demandait, en conséquence, l'autorisation d'évacuer les redoutes et d'en expédier l'artillerie par le chemin de fer, soit à Lyon, soit à Toulon.

Je portai cette dépêche au général Le Flô qui, après l'avoir lue et relue, en se grattant la tête avec sa main gauche, ce qui était son geste favori, me pria d'aller chercher le général Mazure. Je revins avec celui-ci; nous trouvâmes le ministre coiffé de sa calotte grecque, dont le gland retombait sur le côté, regardant fixement une carte sur laquelle des épingles, à têtes diversement coloriées, représentaient les emplacements occupés par les troupes françaises et allemandes. Le général Mazure lui fit observer que Bourges était défendue par le 25e corps d'armée, sous les ordres du général Pourcet, et qu'avant de prendre une décision, il était nécessaire d'avoir l'avis de ce général. En conséquence, on le manda par le télégraphe, en l'autorisant à se faire remplacer au besoin par un aide de camp de confiance.

Le lendemain matin eut donc lieu, dans le cabinet du ministre, une conférence presque solennelle à laquelle assistaient, outre le général Mazure, le ministre et moi, un aide de camp envoyé par le général Pourcet, le général Véronique et le général Haca. Chacun donna son avis et, s'il ne fut pas pris de décision, ce fut en apparence parce qu'on était obligé de demander un renseignement à Bourges. Dans l'après-midi, ce renseignement étant arrivé, il y eut une nouvelle conférence, à la fin de laquelle le ministre nous dit : « Messieurs, la question est bien grave et mérite » réflexion ; on dit que la nuit porte conseil ; nous » allons dormir par là-dessus et demain matin nous » verrons ce que nous avons à faire. » Le lendemain matin nouvelle conférence, nouvel examen de la carte, avis partagés et séance close sur ces mots, prononcés encore par le ministre : « Messieurs, la » question est bien grave, je vous remercie d'avoir » bien voulu me faire connaître vos avis, je pren- » drai une décision en conséquence. » Nous nous séparâmes donc ; l'aide de camp du général Pourcet retourna à Bourges et, moi, je rentrai à mon bureau, sans être plus avancé que l'avant-veille.

L'affaire en serait restée là sans le général Pétiet qui demanda par télégraphe des ordres formels. Quand je montrai sa dépêche au ministre, il me répondit : « C'est bien grave, allez me chercher le » général Mazure. » J'amenai en effet le général, qui s'en rapporta une fois de plus à la présence du 25e corps, et rien ne fut décidé. Enfin, l'affaire durait depuis quatre jours lorsque arriva une dernière dépêche du général Pétiet, annonçant le départ du 25e corps et rendant compte des ordres qu'il avait cru devoir donner d'urgence pour l'embarquement de l'artillerie sur le chemin de fer. On adressa alors un télégramme au général Pourcet et on apprit que le 25e corps, parti de Bourges depuis quatre jours, c'est-à-dire depuis notre première conférence, se trouvait actuellement à Montluçon. La question était donc complètement tranchée et on avait épargné au ministre la peine de prendre une décision, ce dont il ne parut pas autrement fâché.

Si je raconte cette petite anecdote, ce n'est certes pas pour le plaisir de critiquer un homme qui m'inspira autant de respect que de sympathie, mais pour montrer comment l'énergie et la décision peuvent se perdre, lorsqu'on reste trop longtemps en dehors des affaires. Le général Le Flô avait passé dix-neuf ans en exil, ou retiré dans une campagne éloignée, ne se nourrissant que d'une idée : la haine du régime impérial et le désir de s'en venger, et, tout en rendant justice à ses éminentes qualités, je ne pus m'empêcher de reconnaître qu'il ne se montra pas supérieur au ministre civil qui l'avait précédé.

J'ai déjà raconté comment, à son arrivée à Bordeaux, il nous témoigna à tous une certaine méfiance; je m'en plaignis dans une lettre au général Susane qui me répondit : « J'ai souvent dit au général
» Le Flô ce que je pensais de vous et de Pourrat;
» je lui ai souvent répété, puisqu'il n'avait pas jugé
» à propos de m'envoyer moi-même à Tours, qu'il
» pouvait être tranquille, que je m'étais désarmé de
» mes deux bras et que je vous considérais, sous
» tous les rapports, comme parfaitement capables

» de me remplacer, sauf le poids que donne le grade
» et la position acquise. Je m'étonne donc que vous
» ayez cru apercevoir une certaine froideur dans le
» général Le Flô. Comme il serait possible, dans le
» malheureux temps où nous vivons, qu'il ait reçu
» quelques impressions, je vous autorise pleinement
» à lui montrer cette lettre qui remontera votre
» crédit auprès de lui. Le général Le Flô est
» l'homme le plus loyal que je connaisse. J'ai des
» motifs de croire qu'il m'estime. Le cas que je fais
» de vous ne saurait être mis par lui au dossier des
» affaires à revoir. »

Je n'eus pas besoin de montrer cette lettre; le général Le Flô donna bientôt un libre cours vis-à-vis de moi à sa bienveillance naturelle. Lorsque nous nous quittâmes, comme je vais le dire, cette bienveillance n'était en rien altérée, et toutes les fois que, depuis lors, j'ai rencontré cet excellent homme, à Versailles ou en Bretagne, il m'a semblé retrouver un ami. Il y avait en lui quelque chose de séduisant au plus haut degré et qui explique bien la sympathie qu'il sut inspirer à l'empereur Alexandre II, lorsqu'il était ambassadeur à Saint-Pétersbourg.

La signature des préliminaires de paix rendait inutile la présence à Bordeaux d'une partie des membres du gouvernement et des administrations ministérielles. M. Thiers avait été nommé chef du pouvoir exécutif, sous le simple titre de président du conseil des ministres, et le général Le Flô, qui de longue date était son ami, conserva le portefeuille de la guerre. Mais déjà on se livrait aux préparatifs de départ ; la communication était devenue complètement libre entre Paris et Bordeaux où nous avions vu arriver plusieurs des hauts fonctionnaires de l'administration centrale. Ils traitèrent comme des criminels les employés qui étaient venus à Tours et à Bordeaux et dont plusieurs cependant avaient rendu plus de services en un jour que tout le ministère de Paris pendant la durée du siège. Je n'ai pas ici à apprécier ces services. Après vingt ans passés, depuis la dure épreuve imposée à tous ceux qui firent partie de la délégation, je craindrais de me tromper en citant des noms, et d'être injuste en oubliant d'autres noms qui, s'ils étaient prononcés devant moi, évoqueraient des souvenirs ineffaçables de dévouement, de zèle et d'activité. Il y a cependant un modeste employé de la correspondance générale, M. Parméjani, qu'il me semble toujours voir la nuit, à quelque heure qu'il m'arrivât de traverser la salle de la mairie affectée au service du secrétariat et de la correspondance générale, assis dans l'obscurité à une table éclairée par une petite lampe, et travaillant sans désemparer. Comment ne pas parler de M. Panafieu, qui dirigea de main de maître le service de la solde, des transports et des revues de comptabilité ? de M. Lievreville, des deux frères Poyer, placés à la tête de la cavalerie : de M. Lebrun, chef du bureau des fonds, et de M. Chauchard, chargé sous mes ordres de la comptabilité financière de l'artillerie?

Plusieurs avaient reçu de l'avancement à Bordeaux; de là une jalousie qui les poursuivit longtemps. Le plus acharné contre eux, et j'ajouterai contre moi, fut M. l'intendant général Guillot, directeur de la comptabilité, un de ces hommes pour qui semble avoir été créé le dicton : La critique est aisée et l'art est difficile. Par ses déclamations passionnées contre l'administration de la délégation, contre ses dépenses exagérées, il excita et provoqua la sévérité instinctive d'un grand nombre de députés qui, comme lui, auraient voulu qu'après les capitulations de Sedan et de Metz, la France se courbât sous le talon de ses envahisseurs. C'est à M. Guillot que je dois en grande partie toutes les persécutions dont je fus plus tard l'objet. Le général Susane, si bon, si bienveillant, si aimable, est mort frappé au cœur par les attaques injustes dont il fut la victime. Pour moi, j'ai eu la vie plus dure et n'y ai laissé que ma santé, conservant du moins mon honneur. Je n'en veux pas à M. l'intendant Guillot, qui n'était animé envers moi, particulièrement, d'aucun sentiment haineux; je n'en veux pas davantage à tous ceux qui ont cherché à me faire tout le mal possible après la guerre. Pas plus que M. Guillot, ils ne m'étaient personnellement hostiles; ils voulaient seulement, sur les ruines de l'Empire et de la République, confondues par eux dans une même haine, relever leur monarchie déchue et se relever avec elle.

L'heure approchait. Le général Le Flô avait salué les gardes mobiles, à leur rentrée dans leurs foyers, par une proclamation bien pensée et bien écrite ; les hommes de la réserve, rappelés sous les drapeaux pour la durée de la guerre, avaient été licenciés. Nous avions été forcés, faute de pouvoir rétablir encore les batteries primitivement parties avec l'armée du Rhin, et captives depuis Metz ou depuis Sedan, de grouper deux par deux, ou par trois, les batteries que nous avions pu former nous-mêmes, exposant ainsi aux critiques des officiers qui allaient rentrer de captivité des éléments de combat bien inférieurs à ceux créés par nous. Un de mes grands chagrins fut alors de ne pas pouvoir montrer mon œuvre, et de la voir juger sur des résultats qui n'étaient pas les siens.

Les armées de Paris et de la province avaient, aux yeux des prisonniers de l'Allemagne, plus d'un tort grave. Elles n'avaient pu ni chasser l'étranger, ni sauver la France, et cependant les officiers qui en avaient fait partie allaient se trouver par la force des choses et pour longtemps, pour toujours peut-être, avantagés à l'encontre de leurs camarades de l'armée du Rhin. Cette question d'avancement nous apparaissait grosse d'ennuis et de difficultés. Les officiers ne rentraient pas encore de captivité, mais leurs sentiments nous étaient connus par leurs lettres et par les plaintes que venaient nous apporter leurs parents ou amis. Tel était sorti de Saint-Cyr dans les premiers rangs de sa promotion, ce qui lui avait valu d'être classé dans les bataillons de guerre ; il revenait lieutenant ou sous-lieutenant, tandis que ceux de ses camarades, que leur mauvais numéro de sortie avait fait rester dans les bataillons de dépôt, portaient déjà les épaulettes de capitaine. Tel capitaine retrouvait son ancien sergent-major devenu son égal en grade et décoré pour sa conduite à l'armée de la Loire. Un chef de bataillon, à qui la guerre de Crimée et plusieurs expéditions en Algérie avaient acquis une brillante réputation, allait revenir de captivité sans avoir eu d'avancement et retrouver un camarade qui avait fait sa carrière dans un poste tranquille, capitaine du 1er juillet 1870, et devenu colonel.

Un jour, je reçus la visite d'un sous-intendant, resté en France pendant la guerre, et frère d'un chef d'escadron d'artillerie pour qui je professais une sympathie et une estime toutes particulières; ils étaient de Metz tous les deux, et propriétaires d'une maison de campagne située à quelques kilomètres de cette ville. Après avoir causé de choses et d'autres, le sous-intendant en vint au but principal de sa visite : « Mon frère, me dit-il, dans cette sorte de » post-scriptum, revient navré et tout découragé. » — Je conçois cela, répondis-je, quand on est de » Metz, qu'on y a sa famille et ses propriétés, quand » on y a passé les trois quarts de sa vie; il est dur

» de ne rentrer en France que pour voir tout ce » qu'on aime aux mains des Allemands. — Oh ! » s'écria naïvement mon interlocuteur, *ce n'est pas* » *cela* qui afflige mon frère, mais, pendant sa cap- » tivité, plus de vingt chefs d'escadron lui ont passé » sur le dos et il voit son avenir perdu. » — Je n'a-vais rien à répondre, c'était vrai, mais quelque peu brutal d'égoïsme ; et cependant, celui au nom duquel on se plaignait ainsi était un homme de cœur et d'honneur, animé des plus nobles sentiments. Ce trait n'est-il pas caractéristique !

Sous l'influence de la conversation que je viens de rapporter, je crus devoir, le soir même, à la réunion des directeurs, entretenir le général Le Flô de la question des avancements donnés pendant la guerre. J'avais, en ce qui me concerne, limité autant que possible cet avancement pour les officiers d'artillerie employés en province, mais la même réserve n'avait pas pu être observée partout. Le général Susane, dans la lettre dont j'ai cité déjà un extrait, m'écrivait le 17 février : « Je suis loin de trouver vos promotions » excessives, en comparaison de tant d'autres. Nous » avons ici aussi un peu abusé, mais le moins pos- » sible. » C'était encore bien plus fort dans les autres armes. J'exposai cela au ministre, en y ajoutant que, si la plus grande partie des nominations faites pouvait être justifiée par de bons ou d'éclatants services, beaucoup d'autres avaient été dues à des influences politiques ; qu'en outre, la facilité à donner de l'avancement avait varié d'une armée à une autre, que je croyais donc bien difficile de fonder une revision générale des grades sur des bases positives. Je terminai en disant qu'à mes yeux un seul parti était à prendre et qu'il fallait se hâter de l'adopter, avant d'avoir laissé les récriminations et les réclamations se produire. « Je ne suis pas suspect, dis-je, en vous » adressant cette proposition, puisque j'ai gagné » moi-même pendant la guerre deux grades, celui » de colonel et celui de général de brigade ; mais vous » n'avez, suivant moi, qu'à faire voter par l'Assem- » blée nationale une loi annulant toutes les promo- » tions faites depuis le 15 juillet 1870, aussi bien celles » que le maréchal Bazaine a signées le lendemain de » la capitulation de Metz, en vertu d'un droit tout au » moins contestable, que celles motivées par les » batailles de Coulmiers, de Loigny, de Bapaume, » d'Héricourt, etc., et le siège de Belfort. Une fois » ces nominations annulées, une inspection générale, » relative seulement à la question d'avancement, » serait passée dans toute l'armée, et les inspecteurs » généraux de chaque arme se réuniraient en comité, » pour rétablir les états de propositions permettant de » remplir les places vacantes dans tous les grades.

— » Je ne veux pas, me répondit le général Le Flô, » engager ma responsabilité en pareille matière ; j'ex- » poserai la situation à l'Assemblée, sans lui soumet- » tre aucune proposition, et elle avisera elle-même. »

La question fut mise de côté pour le moment ; la

guerre contre la Commune vint la retarder encore et la compliquer par les nombreuses propositions et nominations qu'elle entraîna.

L'Assemblée nationale résolut enfin le problème en instituant, sous la présidence du général Changarnier, la commission de revision générale des grades. L'avancement des officiers se trouva ainsi livré à un arbitraire sans contrôle. Les membres de la commission étaient fort incompétents pour donner leur avis sur la justification de tel ou tel avancement. Le général Changarnier seul avait l'autorité nécessaire pour imposer son avis ; encore acceptait-il le plus souvent les propositions des bureaux ; c'est ainsi que ma nomination au grade de général de brigade fut annulée, sur le rapport d'un de mes subordonnés de la veille à qui je n'en voulus nullement d'ailleurs, car je n'avais jamais considéré comme définitive cette nomination, faite malgré mes objections. J'aurais donc accepté très philosophiquement la décision de la commission des grades, si j'avais vu appliquer une règle générale et si je n'avais pas constaté qu'aux yeux de la commission, la validité d'un grade dépendait de considérations étrangères au service et à l'intérêt de l'armée. J'avais le tort de devoir ma nomination à Gambetta, qui était allé chercher l'oubli à Saint-Sébastien, et d'être l'objet d'attaques imméritées de la part de gens qui appartenaient à un parti capable de tout faire pour arriver au pouvoir.

Un instant, j'eus l'idée de prendre ma retraite comme colonel ; plusieurs de mes amis m'en dissuadèrent, en m'objectant que je paraîtrais ainsi donner raison à la calomnie, et qu'avec un peu de patience je verrais bientôt le triomphe de la justice. Je restai donc au service comme colonel, quoique cela me parût un peu dur, et j'eus tout lieu de m'en féliciter, d'abord à cause des marques d'intérêt et d'estime qui me furent prodiguées de toutes parts dans l'artillerie, ensuite en raison de l'unanimité du vote par lequel le comité d'artillerie me proposa pour ce grade de général de brigade dont j'avais été revêtu pendant quelques mois.

Lorsque le départ de l'Assemblée pour Paris fut définitivement arrêté, les différentes administrations ministérielles se préparèrent à l'y suivre. Le général Le Flô quitta Bordeaux, le jeudi 15 mars, en m'annonçant que j'étais mis en disponibilité et m'invitant à me présenter à lui à Paris, le 19 au matin, parce qu'il avait besoin de moi comme étant seul au courant de la situation des troupes d'artillerie en province. Il me faisait ainsi une position singulière, celle de la disponibilité active, mais je ne fis, bien entendu, aucune objection. Nous livrâmes nos dossiers au service intérieur du ministère, qui se chargea de les emballer ; nous rendîmes au général commandant la division les locaux que nous avions occupés pendant trois mois et, après avoir déposé à la gare nos bagages particuliers, nous allâmes, mon fils, ma

femme et moi, coucher à Arcachon, où j'avais l'intention de passer deux jours pour me reposer un peu de l'air du bureau. Le temps était très beau, malgré un vent assez frais.

Nous devions quitter Arcachon le samedi 17, de manière à prendre à Bordeaux le train express devant nous amener à Paris le dimanche 18 au matin ; une circonstance insignifiante nous fit rester à Arcachon vingt-quatre heures de plus. Mon fils vint à Bordeaux dans la matinée du 18 pour prendre nos billets et faire charger nos bagages et, à six heures du soir, débarqués du train d'Arcachon, nous étions sur le quai de la gare Saint-Jean au milieu d'une cohue indescriptible.

Ce n'était pas un train qui partait pour Paris, mais huit ou dix qui devaient se succéder à quelques minutes d'intervalle. Nos places étaient marquées dans un wagon, sur le marchepied duquel étaient inscrits ma qualité et mon nom légèrement écorché, général Thomas ; je me préparais à y monter, quand je rencontrai sur le quai M. Surell, l'aimable directeur de la Compagnie du Midi. Il me prit par le bras, m'entraîna à l'écart et me dit à l'oreille : « Ne partez » pas ; Paris est en pleine insurrection ; deux géné» raux ont été fusillés par les gardes nationaux. » J'allais suivre ce conseil ; on cria : En voiture ! Nos petits bagages étaient casés dans le wagon, nos malles devaient être dans le fourgon aux bagages ; il était bien tard pour nous décider à rester, nous partîmes donc et M. Surell nous souhaita bonne chance.

Il y avait cependant de quoi être inquiet et nos craintes paraissaient partagées par quatre ou cinq personnes voyageant dans le même compartiment que nous. Pas moyen d'avoir la moindre nouvelle en route, jusqu'à Angoulême où nous croisâmes le train montant. Là, les employés du bureau ambulant des postes qui précédait notre wagon apportèrent des journaux aux personnes qui voyageaient avec nous et paraissaient être leurs femmes ; nous pûmes ainsi connaître les détails de cette terrible journée. J'étais, je l'avoue, assez perplexe sur le parti à prendre : je fus tiré d'embarras à Saint-Pierre-des-Corps. Des gardes nationaux en armes montaient la garde sur les quais et plusieurs d'entre eux ouvrirent les portières des wagons en criant : « Les officiers et les » députés qui sont dans le train sont instamment » priés de descendre et de ne pas aller plus loin. » Nous nous empressâmes d'accéder à cet avertissement salutaire.

Le train contenait peu d'officiers, mais un certain nombre de députés. On déchargea les fourgons pour en retirer leurs bagages ; les nôtres n'y étaient pas, sauf deux caisses dont l'une contenait, outre des effets personnels, des papiers importants que je rapportais de Bordeaux et qui me furent dérobés plus tard. C'est ainsi que tout ce que nous possédions se trouva dispersé, pour éprouver des fortunes diverses ;

nos effets les plus précieux, chez un ami, rue de Rivoli, 82, où la Commune devait les brûler ; nos meubles à Sèvres, où les Allemands devaient les briser ou les voler; quelques objets rue Jacob, dans un appartement meublé où nous les retrouvâmes en rentrant à Paris ; nos effets d'habillement et notre linge à la gare du chemin de fer d'Orléans, où nous ne pûmes les déterrer qu'à la fin de l'année 1871 ; enfin, une caisse à Tours et qu'on ne me rendit à Versailles qu'après en avoir extrait les papiers importants qu'elle contenait. Ce fut une grande perte pour moi qui aurais trouvé là une justification facile contre bien des critiques erronées.

De la gare de Saint-Pierre, nous nous fîmes conduire à Tours et nous allâmes demander asile pour le reste de la nuit à notre ancien petit hôtel. Dès qu'on fut levé, j'allai chez M. le général de Jancigny chercher des nouvelles. Il n'en avait pas reçu, et j'étais encore une fois embarrassé, lorsque je rencontrai dans la rue un des officiers employés au bureau du matériel de l'artillerie à Paris. Cet officier venait de débarquer du chemin de fer, ayant pris, pour se rendre de Paris à Versailles, la route par Orléans, Tours et le Mans. Il m'apprit que le gouvernement et l'Assemblée avaient été transférés à Versailles, que toutes les troupes avaient évacué Paris, resté au pouvoir de l'insurrection, que la communication était coupée entre Versailles et Paris (ce qui était quelque peu exagéré), et que, pour échapper aux insurgés qui voulaient lui faire un mauvais parti, il avait dû prendre ce grand détour. Il ajouta, ce qui pour moi était le plus intéressant dans son compte rendu des événements, que le ministre me faisait rechercher, ayant absolument besoin de mes services à Versailles.

En conséquence, j'allai apprendre au général de Jancigny les nouvelles qu'il n'avait pu me donner, je laissai à l'hôtel ma femme et mon fils et je pris le train du Mans. Je me trouvai dans un compartiment où tout naturellement on causait des événements de Paris ; deux gros paysans à l'air cossu se distinguaient par la violence de leur langage : « On a » fusillé deux généraux, disait l'un d'eux, tant mieux ! » On devrait en faire autant à tous les autres. » La conversation dura sur ce même ton jusqu'à Versailles, sans que je jugeasse à propos de dénoncer mon incognito. Cette guerre avait évidemment rendu la France folle. Quand nous fûmes arrivés à Versailles, j'entendis un des employés de la gare dire au mécanicien : « Imbécile, pourquoi t'es-tu arrêté ici, tu ne » pouvais pas les mener jusqu'à Paris ? » Le fait est qu'en poussant jusqu'à la gare Montparnasse, le mécanicien eût procuré aux gens de la Commune un joli coup de filet.

LIVRE IV

VERSAILLES

ÉPILOGUE

Le gouvernement à Versailles. — Direction de l'artillerie. — Je suis nommé directeur adjoint. — Siège de la Commune. — Le général Letellier-Valazé. — Le général de Berckheim. — Un officier vigoureux. — Fin du siège. — Les incendies. — Mise en disponibilité. — Voyage en Suisse. — Commission des marchés. — M. Thiers. — Un discours rentré. — Le général de Cissey. — Je suis nommé général de brigade.

Mon premier soin, en arrivant à Versailles, fut de m'informer où je trouverais le gouvernement et le ministre. J'appris que le gouvernement était installé à l'hôtel de la subdivision, avenue de Paris, et que les bureaux de l'artillerie occupaient les salles de l'ancien *mess* de l'artillerie de la garde impériale. C'est dans ce dernier local que je me rendis tout d'abord ; j'y trouvai le général Susane, qui me conduisit à l'hôtel où était logé le ministre de la guerre, boulevard de la Reine. Le général Le Flô me remercia de l'empressement avec lequel j'étais accouru à Versailles, m'annonça que j'étais nommé à la direction d'artillerie, directeur adjoint, pour être spécialement chargé de faire venir les ressources en personnel et en matériel existant en province.

Les bureaux étaient établis dans la grande salle où étaient autrefois le billard et les tables de café. Le général Suzane était seul dans la petite salle attenante, destinée autrefois aux officiers supérieurs. Il m'y offrit une place à côté de lui; je jugeai plus convenable de l'isoler dans la grandeur, et de m'établir dans la salle des officiers et des gardes. Je n'y trouvai pas tout d'abord un accueil bien sympathique; j'appartenais à ces brigands de la Loire qui n'avaient pu sauver Paris, et nous étions des intrus pour ceux qui étaient restés à l'administration centrale. La besogne que nous avions accomplie n'existait pas pour eux; il fallut bien cependant, quand on put faire venir les immenses approvisionnements que nous avions réunis, se rendre à l'évidence. Mais je ne me retrouvai dans mon élément qu'en voyant le colonel Pourrat et le commandant Mathieu, mes compagnons de travail et de misère.

Le général Susane lui-même ne fut pas pour moi tel que je m'y attendais, d'après la bienveillance habituelle de son caractère et la facilité de nos anciennes relations. Il m'avait écrit, le 17 février, quand j'étais encore à Bordeaux : « Que de fois j'ai

» songé à votre situation, au milieu de cette fièvre des » impatients et des ignorants, auxquels il paraît suffire » de prononcer un *fiat lux*. Je savais déjà partielle- » ment les efforts que vous aviez faits pour créer et » harmoniser tant de choses qui paraissent simples » comme bonjour aux imbéciles ; je suis heureux » des détails que vous me donnez et qui me prouvent » que je n'avais pas trop compté sur votre dévouement » et votre intelligence et que vous avez fait l'impos- » sible. » Mais lorsque je voulus, pendant le déjeuner, car nous mangions tous ensemble dans l'ancienne bibliothèque du *mess*, parler de l'existence que nous menions à Bordeaux, le général jeta un seau d'eau froide sur mon enthousiasme en me demandant si Bordeaux n'était pas situé sur la Garonne. Je gardai depuis lors un silence prudent, et l'arrivée de ma famille, en me donnant un chez-moi, me dispensa d'assister plus longtemps à des repas où je n'entendais guère dire que des choses désagréables pour moi et mes collaborateurs.

Le jour de mon arrivée à Versailles, j'avais reçu un billet de logement pour une maison de la rue d'Angiviller. Je ne me rappelle ni le nom du propriétaire ni le numéro de la maison, mais jamais, dans le cours de ma longue carrière, je n'ai été logé d'une manière plus humiliante, alors que j'étais lieutenant ou capitaine, dans la bourgade la plus reculée et la plus modeste, que je le fus, ce jour-là, dans la seconde capitale de la France. Sans doute ce propriétaire inconnu avait épuisé toute sa politesse en logeant des officiers allemands; ce n'était plus la peine de se gêner avec un compatriote, fût-il même revêtu du titre de général, en ce moment du reste bien déprécié. Après avoir passé chez lui, étendu sur un lit de sangle, une nuit d'insomnie, je m'empressai de quitter cette demeure bien peu hospitalière pour les généraux français et je me mis à la recherche d'un autre logement; celui qui me fut offert, et que j'acceptai moyennant une somme très peu modique, ne fit pas honneur à la générosité versaillaise.

Je n'ai pas à raconter la lutte du gouvernement de M. Thiers contre la Commune. Confiné dans ma besogne spéciale, qui me paraissait bien facile après les efforts de Tours et de Bordeaux, j'assistai en simple spectateur aux contre-coups produits dans Versailles par les péripéties de cette lutte, dans laquelle les ressources amassées par la province servirent à dompter Paris, armé des moyens de combat accumulés pendant le siège soutenu contre les Prussiens. Quant à mon titre de directeur adjoint, il fut plus utile au général Suzane qu'à moi, en lui permettant de me confier les besognes les plus désagréables et d'offrir mon nom en pâture aux ambitions déçues, en me donnant la responsabilité de mesures auxquelles j'étais complètement étranger.

Après les premiers moments de l'inquiétude occasionnée par l'attitude peu encourageante des troupes, les choses suivirent leur cours régulier, sous l'impulsion de M. Thiers qui, ayant donné le commandement nominal au maréchal de Mac-Mahon, jouait avec bonheur au général en chef. Le général Letellier-Valazé, son ami et l'ancien aide de camp du général Changarnier, avait été nommé sous-secrétaire d'État de la guerre. Je ne m'aperçus jamais pour ma part de sa présence, mais M. le général de Rochebouët, quand il était président du comité de l'artillerie, me raconta une curieuse anecdote qu'il tenait de lui-même. Lorsqu'il s'agit de remplacer le général Vinoy dans le commandement des troupes et de donner un général en chef à l'armée dite de Versailles, le général Letellier-Valazé, consulté par M. Thiers, lui désigna Changarnier. — « Il n'y a pas de danger que je le » mette là, répondit M. Thiers, il prendrait ma place » au bout de huit jours. — Alors prenez le maré- » chal de Mac-Mahon, de celui-là vous n'aurez rien » à craindre. » Et le maréchal fut appelé au commandement en chef, qu'il quitta plus tard pour prendre la place de M. Thiers.

Il y eut des moments où on ne se serait pas douté à Versailles du terrible combat qui se livrait sous les murs de Paris. Il faisait, à la fin d'avril et au mois de mai 1871, un temps charmant. Je faisais le tour par le parc pour revenir au bureau après le déjeuner, et j'y rencontrais souvent le plus aimable des hommes, le général René qui commandait l'artillerie du corps de réserve, sous les ordres de Vinoy.

Nous nous promenions ensemble, savourant le bon air du printemps. A peine, en prêtant une oreille bien attentive, distinguait-on le bruit du canon, et les oiseaux gazouillaient sans s'inquiéter de ce qui se passait à quatre lieues d'eux. « Faut-il que les » hommes soient canailles, me disait le général René, » pour s'entre-tuer par un temps aussi harmonieux ! »

Le fait est qu'ils s'entre-tuaient à merveille, et les gardes nationaux donnaient raison à la prophétie du général Le Flô, prophétie que j'avais entendue également sortir de la bouche de M. Berthelot. L'éminent chimiste me disait à Bordeaux : « Les gardes nationaux » n'accepteront jamais sans lutte qu'on cesse de les » payer pour ne rien faire, et la collision sera terrible » parce qu'ils ne manquent de rien pour combattre à » outrance, pas même de courage et de ténacité. » A quelques exceptions près, ils se sont mal battus » contre les Allemands, mais cette fois leurs intérêts » seront en jeu, il s'agira pour eux, suivant une » vieille devise, légèrement modifiée par les circons- » tances actuelles, de vivre sans travailler, ou de » mourir en combattant. »

Une partie des troupes qui agissaient contre la Commune était formée avec des hommes rentrant de captivité et, dans nos bureaux, c'était un défilé continuel d'officiers revenant d'Allemagne. Les lieutenants et la plupart des capitaines rejoignirent directement leurs dépôts, mais les officiers supérieurs venaient solliciter des emplois dans l'armée de

Versailles. Peu à peu les principaux commandements furent aux mains des anciens officiers de l'armée du Rhin.

Un jour, le général de Berckheim, mon ancien chef en Crimée, vint, quelque peu animé, me demander d'urgence un officier supérieur des plus vigoureux, pour commander l'artillerie chargée de seconder une attaque dirigée contre la gare de Clamart. Il s'agissait de réparer un échec, subi la nuit précédente par les marins, que la garnison communarde du fort d'Issy avait repoussés de cette même gare, à la suite d'un combat sanglant. J'envoyai au général de Berckheim, pour le commandement dont il m'avait parlé, le lieutenant-colonel Pongérard (décédé récemment général de brigade en retraite), qui s'était fait en Crimée, où je l'avais connu personnellement, une brillante réputation de vigueur et d'énergie. Il était en outre fort et robuste, de sorte que le général de Berckheim crut que j'avais voulu lui faire une plaisanterie en le lui désignant et me le reprocha moitié en riant, moitié au sérieux. Heureusement, le général de Berckheim était de ceux dont la susceptibilité, quelque vive qu'elle fût, était toujours tempérée par la bienveillance et la loyauté. Il fut d'ailleurs, comme je le savais d'avance, on ne peut plus satisfait des services du commandant Pongérard, et la gare de Clamart fut enlevée très brillamment la nuit suivante.

Cependant, le siège continuait et nous commencions à trouver le temps long. M. Thiers avait décidément pris la direction supérieure des opérations. Nous étions tenus au courant de ce qui se passait en haut lieu par le commandant Cary, qui remplissait, avec le titre de commandant de l'artillerie de la place de Versailles, les fonctions analogues à celles d'un directeur de parc. M. Cary, actuellement général de brigade en retraite, avait l'esprit fin et le caractère indépendant; il tenait tête à M. Thiers d'une façon très amusante.

Les marins, et en particulier les officiers de marine, sont d'une bravoure à toute épreuve, souvent d'une intelligence remarquable. Les voyages forment, dit-on, la jeunesse; ils forment aussi l'âge mûr, comme le prouvent nos officiers de marine. On ne saurait leur refuser surtout une habileté toute particulière à se faire mousser, autrement dit à faire valoir leurs services. Déjà devant Sébastopol, les marins débarqués pour le siège, ayant l'avantage de servir les gros canons de la flotte, obtenaient souvent de brillants avantages, mais ils laissaient dans l'ombre les services plus obscurs des officiers de l'artillerie de terre, chargés de construire et de réparer leurs batteries. Un de mes bons amis, M. le général de Brives, remplit ce métier comme capitaine en second au début du siège, et je lui ai souvent entendu faire le récit de toutes les tribulations, qu'il avait alors éprouvées.

Les marins du siège de Paris (je parle ici du

siège contre la Commune) ne faillirent pas à cette vieille tradition. On avait fait venir, pour armer les batteries de Montretout, des canons de la marine du plus gros calibre. Ces canons étaient amenés par le chemin de fer jusqu'au petit débarcadère installé dans le parc de Saint-Cloud pour le service particulier de l'Empereur. Il s'agissait de les transporter depuis là jusque sur l'emplacement de la batterie et de les y monter sur affût. L'artillerie de terre devait être chargée de cette besogne, et le commandant Cary expliquait à M. Thiers tous les engins dont il avait besoin pour en venir à bout. Le ministre de la marine l'interrompit et dit à M. Thiers : « Donnez-» moi quatre bouts de bois et les marins en viendront » à bout. » Je ne sais si l'on commença avec quatre bouts de bois, mais les marins demandèrent peu à peu tout ce qu'avait indiqué M. Cary, et finalement ils laissèrent à celui-ci le soin d'achever la corvée.

Enfin le siège approcha de son terme et le dénouement vint nous surprendre alors qu'on s'y attendait le moins. Déjà toute l'armée avait été mise en mouvement pour profiter de la trahison de quelques chefs de la Commune, dont le concours avait été acheté par le gouvernement. La trahison avait été découverte et M. Thiers en personne vint se casser le nez devant les portes dont il croyait avoir acheté les clefs. Est-ce encore une trahison qui permit aux troupes du 1er corps de franchir les remparts du Pointdu-Jour? Cela importe peu pour ce que j'ai à raconter ici.

Je me promenais le soir sur l'avenue de Paris, lorsque je vis passer un cavalier au triple galop. Un quart d'heure après, circulait déjà dans Versailles la nouvelle apportée par ce cavalier à la préfecture, où était logé M. Thiers, savoir l'entrée des troupes dans Paris. La lutte intérieure dura encore, comme on le sait, toute une semaine, pendant laquelle de nombreux convois de prisonniers affluèrent sur les avenues de Versailles, puis vinrent les nouvelles des incendies, et enfin celles du triomphe définitif de l'armée.

Les journaux de Paris nous arrivèrent alors et je pus lire dans le *Gaulois* la liste des maisons incendiées, parmi lesquelles figurait le numéro 82 de la rue de Rivoli. Tout nos effets étaient donc flambés! J'exprimais encore quelques doutes sur l'authenticité de cette information, lorsqu'un rédacteur du *Gaulois* me dit avec la plus exquise politesse : « Vous pouvez » être bien certain, monsieur le général, que votre » maison est brûlée; c'est moi-même qui ai parcouru » la rue de Rivoli et qui en ai fait la constatation. » Le lendemain, mon ami Bertrand arrivait de Bretagne pour juger lui-même de ce qui s'était passé. Il ne trouva plus que les décombres de sa maison; il apprit en même temps les détails de l'incendie par les deux bonnes, laissées pour garder l'appartement. Ces deux braves filles, voyant les gardes nationaux maîtres de la maison, leur avaient servi à déjeuner et leur avaient prodigué les meilleurs vins de la cave, pour obtenir leur protection. Les gardes nationaux s'étaient montrés fort aimables et leur avaient assuré que la maison serait épargnée, mais ils avaient été évincés par une troupe plus féroce, les « Vengeurs de Flourens », si je ne me trompe, qui, pour mettre le feu, avaient entassé au milieu du cabinet de travail de mon ami les livres les plus précieux de sa bibliothèque, les avaient arrosés de pétrole et, sommant les bonnes de déguerpir au plus vite, avaient mis le feu à tous ces trésors de science.

En même temps, nous étions rentrés dans notre maison de Sèvres, où nous avions trouvé toutes choses cassées, lacérées ou souillées d'ordures. Vingt indications prouvaient cependant que la maison était habitée en temps ordinaire par un officier supérieur; les dévastateurs ne pouvaient donc arguer de l'absence des habitants pour justifier leur œuvre de destruction, comme ils avaient l'habitude de le faire.

La lutte contre la Commune étant terminée, le ministère de la guerre fut réorganisé sur des bases nouvelles. Les anciennes directions furent supprimées, il n'en resta que trois : la direction générale du personnel, la direction générale du matériel, la direction générale de la comptabilité et du contrôle, au-dessus desquelles fonctionnait un nouvel organe, l'état-major général, comprenant le cabinet du ministre. Cette organisation était aussi absurde que possible, comme le montra l'expérience : le bureau du matériel de l'artillerie, par exemple, ne pouvait pas être séparé du bureau du personnel de la même arme. Le général de Cissey fut nommé ministre de la guerre, le général Susane directeur général du matériel, et je fus de nouveau, mais cette fois définitivement, mis en disponibilité; on n'avait plus besoin de moi et j'étais redevenu le brigand de la Loire. Plusieurs indices me laissaient entrevoir des moments difficiles à passer : la commission instituée pour la revision générale des marchés travaillait à une enquête dont il me faudrait avoir à combattre les conclusions. Gambetta avait été chercher l'oubli en Espagne, M. de Freycinet avait disparu; je résolus à mon tour d'aller faire un petit voyage pour réparer mes forces et me mettre en état de soutenir la lutte que je prévoyais.

Nous choisîmes la Suisse pour but de notre promenade, et je m'y rendis avec l'autorisation du ministre, muni d'un passeport. Il y avait sur la route du Saint-Gothard, dans l'Oberland, sur la Tamina, dans le Linthal, que nous parcourûmes successivement, force étrangers de tous pays, mais extrêmement peu de Français. Je fus frappé, je l'avoue, et parfois touché jusqu'aux larmes, des égards avec lesquels nous fûmes traités, aussi bien par les Suisses eux-mêmes que par les étrangers, sauf bien entendu les Allemands; nous fûmes, de la part de deux ou trois familles anglaises appartenant à la haute aristocratie, l'objet des attentions les plus délicates. Nous nous trouvions donc, après tant de tribulations, heureux de respirer l'air des montagnes et d'oublier les tristes jours de Bordeaux, lorsqu'en arrivant à Interlaken, avec l'intention de descendre le lendemain par la Gemmi dans la vallée du Rhône, je trouvai une dépêche de Versailles, remontant déjà à plusieurs jours de date : j'étais rappelé pour venir répondre aux questions de la commission des marchés. Il fallut obéir et prendre la route de Genève au lieu d'aller coucher à Kanderstag.

Raconter les séances de la commission des marchés serait entrer dans une polémique que je n'ai nulle envie de ressusciter, et sortir entièrement du cadre de ce récit, dont ces séances furent pour moi le douloureux épilogue. Abandonné de mes chefs qui avaient disparu, je servis de proie pendant deux jours, avec le général Susane, à toutes les passions politiques soulevées contre l'Empire et contre la République, sous prétexte de moralité financière. J'eus, pour ma part, la parole pendant deux ou trois heures, pour exposer la situation dans laquelle je m'étais trouvé, et la pression que j'avais dû subir sous le poids des événements. A la suite de cet exposé, je fus chaudement félicité par un grand nombre de membres de la commission qui vinrent cordialement me serrer les mains et m'exprimer, j'ose le dire sans fausse modestie, une véritable admiration pour ma conduite. Cela n'empêcha pas la majorité de la commission d'approuver un rapport habile jusqu'à la perfidie, un véritable réquisitoire dirigé contre la direction de l'artillerie au ministère, et en particulier contre le général Susane et moi. Nous pensâmes que ce rapport méritait une réponse. Le général Susane s'en chargea pour les opérations accomplies à Paris; de mon côté, je m'attachai à réfuter tous les reproches adressés à la délégation de Tours et Bordeaux. Je rédigeai ainsi un long mémoire qui, joint à celui du général Susane, fut adressé au ministre, avec demande d'être autorisés à les publier tous les deux. Au lieu de nous répondre, le général de Cissey jugea à propos de communiquer nos mémoires à la commission qui, les examinant avec la plus scrupuleuse attention, y chercha inutilement des armes contre nous.

Le moment vint cependant où ce rapport dut être discuté dans le sein de l'Assemblée nationale. Aux approches de la discussion, M. Thiers se montra pour nous admirablement disposé; il voulait prendre en mains, disait-il, la cause de l'administration indignement calomniée. Il nous fit donc appeler pour lui donner les renseignements dont il avait besoin et, pendant une quinzaine de jours, j'eus l'honneur et la satisfaction de causer presque intimement avec cet homme, qui a été si diversement jugé.

Le hasard des événements m'avait déjà permis de juger Gambetta; il me mit cette fois à même de connaître à fond un homme qui différait de lui autant qu'il est possible. Leurs deux natures étaient diamétralement opposées. M. Thiers était un dangereux questionneur; lorsqu'il avait demandé une explication et l'avait écoutée sans paraître y prêter une profonde attention, les termes mêmes dont s'était servi son interlocuteur restaient profondément gravés dans sa mémoire. Après la séance, pendant laquelle il avait paru distrait par de petites occupations, telles que celle de resserrer les vis de ses lunettes (un de ses passe-temps favoris), il prenait quelques courtes notes, inscrites sur de petites feuilles de papier, puis le lendemain, sous un prétexte quelconque, il reprenait une des questions de la veille; si alors on ne lui répondait pas exactement la même chose que la première fois, il entr'ouvrait son tiroir, en tirait un des petits papiers et, relevant finement les yeux, disait au personnage questionné : « Vous m'avez » cependant dit hier telle chose. » Et puis c'en était fait; il vous écoutait désormais avec une méfiance mal dissimulée, et posait des questions dont les réponses se ressentaient toujours du trouble causé par sa manière de procéder. Il prit ainsi deux ou trois fois le général Susane, qui, avec tout son esprit et son jugement élevé, n'entrait pas assez quelquefois dans le détail des affaires. M. Thiers, au contraire, était tout au détail, il y excellait comme le prouvent la plupart de ses discours.

Tout en causant avec nous de l'objet principal de la conférence, M. Thiers ouvrait parfois des parenthèses d'un haut intérêt. Posant un peu pour l'opinion publique et pour la postérité, il nous racontait bien des choses avec l'arrière-pensée que nous ne les garderions pas pour nous. Nous montrant un jour un journal :

« Je viens de lire, nous dit-il, le récit d'une con-
» versation tenue à Berlin par le prince Frédéric-
» Charles. Le prince y parle de moi dans des termes
» que je voudrais bien voir ratifier par la postérité;
» de pareils jugements relèvent bien mon courage
» et j'en ai besoin, je vous l'assure, car je suis dégoûté
» du métier que je fais. Je me lève à quatre heures,
» et je me mets aussitôt à travailler avec mon ami
» Barthélemy de Saint-Hilaire. A sept heures, je
» commence à recevoir les visites et je travaille
» d'une autre façon, comme vous me voyez le faire
» avec vous. Je vais vous congédier pour déjeuner
» à la hâte et me rendre à l'Assemblée, où il me faut
» tenir tête à des attaques de tout genre, provenant
» de gens qui ne comprennent rien, ou qui font
» semblant de ne rien comprendre. Puis je rentre
» chez moi faire le restaurateur. »

Bien souvent, en effet, le président employait cette forme pour se plaindre à nous d'être obligé de recevoir à dîner, ce qui, paraît-il, était particulièrement odieux à madame Thiers, énervée par le bruit des couverts et des assiettes.

M. Thiers parlait souvent de donner sa démission et, un jour qu'il m'avait fait appeler pour causer avec moi seul, je le trouvai en proie à une vive irritation. « Ils me forceront à m'en aller, dit-il, de sa voix la » plus criarde; ne veulent-ils pas m'obliger à mettre » Bazaine en accusation! Qu'ils ne s'y trompent pas » cependant, Bazaine est un véritable homme de » guerre, sa bataille du 16 août est admirable; il n'y » a peut-être qu'un point sur lequel j'aurais fait » autrement que lui. »

M. Thiers se croyait en effet, pour avoir écrit l'*Histoire du Consulat et de l'Empire*, si discutée aujourd'hui, particulièrement apte à juger les questions de tactique et de stratégie. Une autre fois, il nous répéta ce qu'il a dit lui-même, dans son livre, des grands généraux de tous les temps, et comment il ne voyait qu'Annibal à placer au-dessus de Napoléon. Il nous parla de Louis-Philippe, « excellent » homme, disait-il, mais qui me renvoya parce » que je ne consentais pas à faire ce qu'il voulait. » Que voulez-vous! quand je suis quelque part, je » veux y être le maître ou bien je m'en vais. » Il nous parla aussi plusieurs fois de l'empereur Napoléon III, mais à l'époque où il était encore le prince Louis, membre de l'Assemblée nationale. « Je » ne lui parlais jamais, nous disait-il, sans l'appeler » monseigneur; j'ai toujours affiché le plus profond » respect pour les membres des familles qui régnèrent sur la France. »

A mesure que le jour de la discussion approchait, M. Thiers me gardait de plus en plus longtemps auprès de lui. Il écrivait en caractères assez gros des notes sur des petits cartons allongés que, sans doute, il devait emporter avec lui à la tribune; c'était comme le squelette de son discours. Il m'en montra quelques-uns, en me disant : « Soyez tranquille, vous » n'aurez pas à regretter ce que vous avez fait. » Je m'attendais donc à voir réfuter par lui tous les arguments de la commission. Il y en avait de bien misérables : par exemple, le reproche fait au général Susane d'avoir accepté douze bouteilles de vin d'Espagne qui lui avaient été rapportées, si j'ai bon souvenir, par M. Chassepot, revenant de la manufacture d'armes de Palencia; et, à moi, les lettres du capitaine Simon qui, ayant longtemps résidé en Angleterre, prodiguait, sans y attacher la moindre importance, la formule : My dear sir (mon cher Monsieur), et cela en écrivant à des fournisseurs en son propre nom. D'autres cependant étaient plus plausibles et méritaient discussion, pour bien établir que toutes les irrégularités signalées étaient la conséquence inévitable des événements. M. Thiers, je n'ai pas besoin de le dire, possédait à fond la question, après plus de quinze jours d'étude.

La discussion durait déjà cependant depuis trois séances, et le grand orateur qui m'avait promis son appui n'avait pas encore parlé. M. Rouher avait défendu avec une véritable éloquence les opérations faites avant le 4 Septembre et il s'était étendu aussi sur celles qui en avaient été la conséquence après cette date; il avait, en homme d'État, parfaitement couvert ses anciens subordonnés. Impatient de voir M. Thiers prendre enfin la parole, j'allai à la préfecture au moment où il se préparait à monter en voiture avec madame Thiers pour se rendre à la séance. Il était déjà coiffé de son chapeau et tenait sous le bras un portefeuille plein de papiers; il me reçut aussi affectueusement que possible. « Eh bien, me dit-il, mon cher colonel, vos » affaires marchent bien. — Il ne manque plus, répli» quai-je, que votre discours, monsieur le président, » et je m'attends à vous voir le prononcer aujour» d'hui. — Non, répliqua-t-il, je me suis décidé à ne » pas parler. M. Rouher a suffisamment répondu » aux attaques dirigées contre l'administration; son » discours est un peu vulgaire, comme d'habitude, » mais péremptoire, et je ne vois pas ce que je pour» rais y ajouter. » Je fus tellement abasourdi par ce manquement aux promesses faites, que je ne trouvai rien à dire.

M. Ricard m'expliqua le soir même la cause du silence de M. Thiers. Une députation des membres de la droite était allée le trouver la veille et lui avait signifié que, s'il venait à prendre le parti de la Défense nationale, il serait impitoyablement renversé. « J'ai eu beau, ajouta M. Ricard, le supplier » de tenir bon et de parler comme il en avait l'in» tention formelle, son parti était pris, il ne voulait » pas risquer de se mettre à dos toute la droite pour

» une question qu'il regardait cependant comme » capitale. D'ailleurs, m'a-t-il répété plusieurs fois, » qu'aurais-je pu dire de plus que M. Rouher? » M. Ricard m'assura en outre du bon effet produit, en ce qui me concernait, par la discussion du discours perfide et virulent prononcé par M. le duc d'Audiffret-Pasquier, discours qui n'avait porté ou n'avait frappé juste que sur le côté politique de la question. Il fallut me contenter de cela; mais sans doute mon mémoire, quoiqu'il n'eût pas été publié, avait convaincu par son accent de vérité tous ceux des membres de la commission qui n'étaient pas aveuglés par la passion, ou mus par des considérations ambitieuses, car toute la perfidie de M. d'Audiffret-Pasquier et de ses auxiliaires n'eut pour moi aucune conséquence fâcheuse. La discussion devant l'Assemblée avait eu lieu vers la fin de l'année 1872 : le comité d'artillerie me plaçait en 1873 sur le tableau d'avancement pour le grade de général de brigade, et je fus nommé à ce grade le 7 octobre 1874.

Ma nomination fut due à une circonstance toute particulière que je crois devoir mentionner ici; ce sera la fin de mon étude sur la délégation de l'artillerie à Tours et à Bordeaux. Bien qu'il ne fût plus question des marchés de la Défense nationale, M. Thiers, ayant appris à apprécier mes efforts et m'attribuant sur les questions d'organisation une compétence que j'avais acquise, du moins en partie, me faisait l'honneur de me demander mon avis

de temps à autre. Un certain matin que j'étais mandé chez lui par dépêche télégraphique et que je devais m'y trouver à huit heures, je trouvai, dans le train que je pris à Sèvres, M. l'intendant général Guillot qui me fit signe de monter dans le même compartiment que lui. J'ai déjà dit que M. Guillot, instigateur de la commission des marchés, n'avait contre moi aucun sentiment personnel d'antipathie ou de rancune ; il me le fit voir dans cette circonstance, peut-être même avec l'intention de contre-balancer le mal qu'il m'avait fait, et je dois à ses conseils salutaires ce qui m'arriva ensuite d'heureux. « Le président vous attend, me dit-il ; méfiez-
» vous, il s'agit de l'organisation de l'artillerie ; il est
» en désaccord sur cette question avec le ministre et
» veut avoir votre opinion qu'il espère trouver con-
» forme à la sienne, car il s'appuie sur ce que vous
» avez fait à Tours et à Bordeaux pour vouloir aug-
» menter le nombre des batteries dans chaque régi-
» ment. Mais le ministre est mécontent des consulta-
» tions continuelles que vous donnez à M. Thiers et il
» pourrait bien vous arriver quelque chose de désa-
» gréable, parce que M. Thiers n'est pas éternel et que
» la rancune conçue contre vous par le général de
» Cissey pourrait l'être. Je vous engage donc à venir
» avec moi chez le ministre avant de vous rendre au-
» près de M. Thiers. »

En me voyant entrer dans son cabinet, le général de Cissey me parut étonné. Je lui dis que le président me faisait appeler. « Je le sais, » fit-il, en m'interrompant d'un ton moitié courtois, moitié raide; « il n'a confiance qu'en vous et quand je » veux lui parler de l'artillerie, il me répond que je » n'y entends rien, qu'il n'y a que vous de compétent » dans cette matière. » Le général de Cissey se décida cependant à venir avec moi chez M. Thiers. Celui-ci m'ayant, après quelques instants d'entretien, posé une question catégorique, je regardai le ministre avant d'y répondre. Le général de Cissey développa alors l'opinion que j'avais émise, et y ajouta quelques paroles pour la combattre. La conférence dura quelques minutes encore, et le chef du pouvoir exécutif me congédia.

Je tiens de M. Ricard, toujours bienveillant pour moi, que le général de Cissey me sut grand gré de la discrétion que j'avais observée dans cette circonstance. Quelques mois après, et alors que le maréchal de Mac-Mahon avait déjà succédé à M. Thiers, la place de général commandant l'artillerie du 17ᵉ corps d'armée, à Toulouse, devint vacante. Le ministre ne voulait ni confier l'intérim de ce commandement à un colonel, ni demander la nomination d'un général; il eût fallu, afin de pourvoir à l'emploi vacant, déplacer un général, très ancien de service et employé au Mans. La direction de l'artillerie adressa alors au ministre un rapport détaillé, dans lequel on insistait sur les inconvénients de cette dernière mesure, en même temps qu'on demandait la nomination d'un général, ajoutant que, si le ministre approuvait cette solution, j'étais le premier colonel inscrit sur le tableau d'avancement. Le général de Cissey écrivit alors en marge du rapport : « *Accepté*, le colonel Thoumas est un brave homme » pour qui je suis heureux de pouvoir faire quelque » chose. »

Ma nomination, les termes dans lesquels elle était motivée, l'approbation unanime avec laquelle elle fut accueillie dans toute l'artillerie, effacèrent complètement à mes yeux la décision de la commission de revision des grades, et me firent oublier les tribulations qui m'avaient été infligées par la commission des marchés. Quatre ans après, j'étais nommé général de division, d'après le classement du comité de l'artillerie, et M. le maréchal de Mac-Mahon voulait bien, quelques jours d'avance, m'annoncer cette dernière promotion dans les termes les plus affectueux. M. le maréchal Canrobert est venu ajouter à tous ces précieux témoignages celui de son inappréciable amitié. Maréchal de France et commandant en chef de l'armée de Crimée, alors que je n'étais qu'un simple capitaine d'artillerie et qu'il plaçait sur ma poitrine, en récompense de la brillante conduite de ma batterie à la bataille d'Inkermann, la croix de chevalier de la Légion d'honneur, le héros de Zaatcha et de Saint-Privat a bien voulu m'honorer du titre de son ami et me raconter, dans des tête-à-tête inoubliables, les épisodes les plus intéressants de sa glorieuse carrière. Quel plus noble couronnement pour la mienne!

Parvenu au sommet de la hiérarchie militaire, je n'avais plus rien à demander et, quand sonna l'heure de la retraite, je me retirai la conscience satisfaite, en songeant aux services que j'avais pu rendre dans la situation la plus critique. D'aucuns m'ont fait observer, il est vrai, que j'ai peut-être, dans les circonstances que je viens de rappeler, tiré quelque peu les marrons du feu, mais je n'ai jamais songé pour mon compte à m'en plaindre, les marrons dont il s'agit n'ayant pas été sans amertume.

FIN

TABLE DES MATIÈRES

LIVRE II. — TOURS

I. — LA DÉLÉGATION

II. — GAMBETTA

III. — COULMIERS

LIVRE IV. — VERSAILLES

ÉPILOGUE

FIN DE LA TABLE DES MATIÈRES.

4836-93. — Corbeil. Imprimerie Crété.

www.ingramcontent.com/pod-product-compliance
Ingram Content Group UK Ltd.
Pitfield, Milton Keynes, MK11 3LW, UK
UKHW021853190726
13855UKWH00001B/294

9 782013 500449